# 신나는 어린이 중국어 ③

## 교사용 지도서

정상현, 유한나 지음

다락원

교사용 지도서

**지은이** 정상현, 유한나
**펴낸이** 정규도
**펴낸곳** (주)다락원

**초판 1쇄 인쇄** 2017년 3월 20일
**초판 1쇄 발행** 2017년 3월 27일

**기획 · 편집** 한은혜, 이상윤
**디자인** 박나래, 박선영
**일러스트** 윤유리, 이정화

**다락원** 경기도 파주시 문발로 211
내용문의: (02)736-2031 내선 430~439
구입문의: (02)736-2031 내선 250~252
Fax: (02)732-2037
출판등록 1977년 9월 16일 제300-1977-23호



**값 12,800원**

ISBN 978-89-277-2204-5 14720
978-89-277-2141-3(set)

**http://www.darakwon.co.kr**

• 다락원 홈페이지를 방문하시면 상세한 출판정보와 함께 동영상강좌, MP3 자료 등 다양한 어학 정보를 얻으실 수 있습니다.

# 머리말

본 교사용 지도서는『신나는 어린이 중국어』교재로 수업을 진행하는 교사가 수업 목표를 효과적으로 달성하고 수업을 좀 더 원활하게 진행하는데 도움이 되고자 기획하게 되었습니다. 따라서 체계적이고 일관성 있는 수업 절차와 방법을 제시하고, 학습 내용을 내재화하는 데 도움이 될 수 있는 다양한 활동을 소개하여 교사들이 수업 시간에 쉽게 활용할 수 있도록 구성하였습니다. 또한 각 단원마다 제시된 학습 목표를 토대로 그에 적합한 교수법과 지도 방식을 선택해 보다 과학적인 수업을 진행할 수 있을 것입니다.

본 교사용 지도서는 한 과의 수업을 4차시로 구성하여 한 권당 총 32차시의 수업으로 진행할 수 있도록 설계하였습니다. 단, 예비 단원의 수업 시간은 제외하였습니다. 매 차시는 도입에 해당하는 〈들어가기〉, 전개에 해당하는 〈펼치기〉, 정리에 해당하는 〈마무리하기〉로 나누었고, 차시별로 수업 진행 과정을 비교적 자세하게 다루어 교사의 편의를 도모하였습니다. 필요에 따라 본서에서는 다루지 못했던 내용을 '보충' 코너에서 다루었는데, 본서의 내용과 연결하여 진행할 수 있는 노래 및 활동을 추가적으로 소개함으로써 수업의 다양성과 흥미를 확보할 수 있을 것입니다. 뿐만 아니라 교사가 수업 진행 과정에서 염두에 두어야 할 교육 이론 등은 '지도 tip'에서 언급하였으며, 교사가 활동지를 준비하는 시간과 관련 자료를 검색하는 시간을 단축할 수 있기를 기대하며 관련 사이트 정보를 제공하였습니다.

본 교사용 지도서는 학습자 수준을 감안하여 다양한 방법으로 체계적인 수업이 진행되어 어린 학습자들이 중국어 학습에 흥미를 느낄 수 있기를 바라는 마음을 담았습니다. 본 교사용 지도서가 어린이 중국어 수업을 위해 현장에서 끝없이 노력하고 계시는 선생님들께 작은 도움이 될 수 있기를 희망합니다.

**정상현, 유한나**

# 이 책의 구성과 활용

본 교사용 지도서는 본서를 효과적으로 가르칠 수 있는 지도 방법과 다양한 수업 자료를 풍부하게 제시하여 수업 현장에서 효율적으로 활용할 수 있도록 구성하였습니다.

## 1 단원 개요

2 你在做什么呢? 너 지금 뭐하고 있어?

단원 소개 및 학습 내용

숫자 1을 나타내는 중국어 표현에 대해 알아보고, 이와 관련된 문화를 살펴본다. 진행형 표현과 상대방의 전화번호를 묻고 답하는 표현을 연습한다.

단원 학습 목표

1. 제1성 + 제3성, 제1성 + 제4성으로 이루어진 단어를 정확하게 읽을 수 있다.
2. 진행형 표현을 할 수 있다.
3. 전화번호를 묻고 답할 수 있다.

단원 지도 계획

| 차시 | 교재 범위 | 학습 단계 | 학습 내용 |
|---|---|---|---|
| 1 | 26~29쪽 | 문화 | 변화무쌍 중국의 숫자 1 |
| | | 발음 | 제1성 + 제3성, 제1성 + 제4성으로 이루어진 단어 |
| | | 새 단어 | 본문 새 단어 학습<br>쓰기 연습 (喂, 事儿) |
| 2 | 30~31쪽 | 회화 | 진행형으로 동작 표현하기<br>전화번호 묻고 답하기 |
| 3 | 32~33쪽 | 교체 연습 | '在……呢'를 활용한 진행형 표현하기<br>상대방의 전화번호를 묻고 답하는 표현하기 |
| | | 연습 문제 | 발음 및 본문 내용 관련 문제 풀기 |
| 4 | 34~35쪽 | 확장 연습 | 지역 번호를 통해 숫자 읽는 법 익히기 |
| | | 활동 | 친구에게 전화를 걸어요! |

2 你在做什么呢? 너 지금 뭐하고 있어? 25

해당 단원에서 학습할 내용과 학습 목표를 한 눈에 확인할 수 있습니다. 매 단원은 4차시로 구성되어 있으며 차시별 수업 내용을 일목요연하게 정리했습니다.

## 2 차시별 지도 내용

모든 차시는 **들어가기**, **펼치기**, **마무리하기** 세 부분으로 구성되어 있습니다.

**들어가기** 지난 시간에 배운 내용이나 과제를 확인하고, 새로 배울 내용을 소개합니다.

**펼치기** 차시별로 학습 목표를 달성하기 위한 교수 · 학습 과정과 구체적인 지도 방법이 담겨 있습니다.

◆ 개별 지도 사항 안에서 보충이 필요한 경우에 상세한 설명을 추가했습니다.

**보충** 본서에서 확장된 학습 정보와 활동을 제공합니다. 학생들의 흥미와 학습 수준에 따라 적절한 활용이 가능합니다.

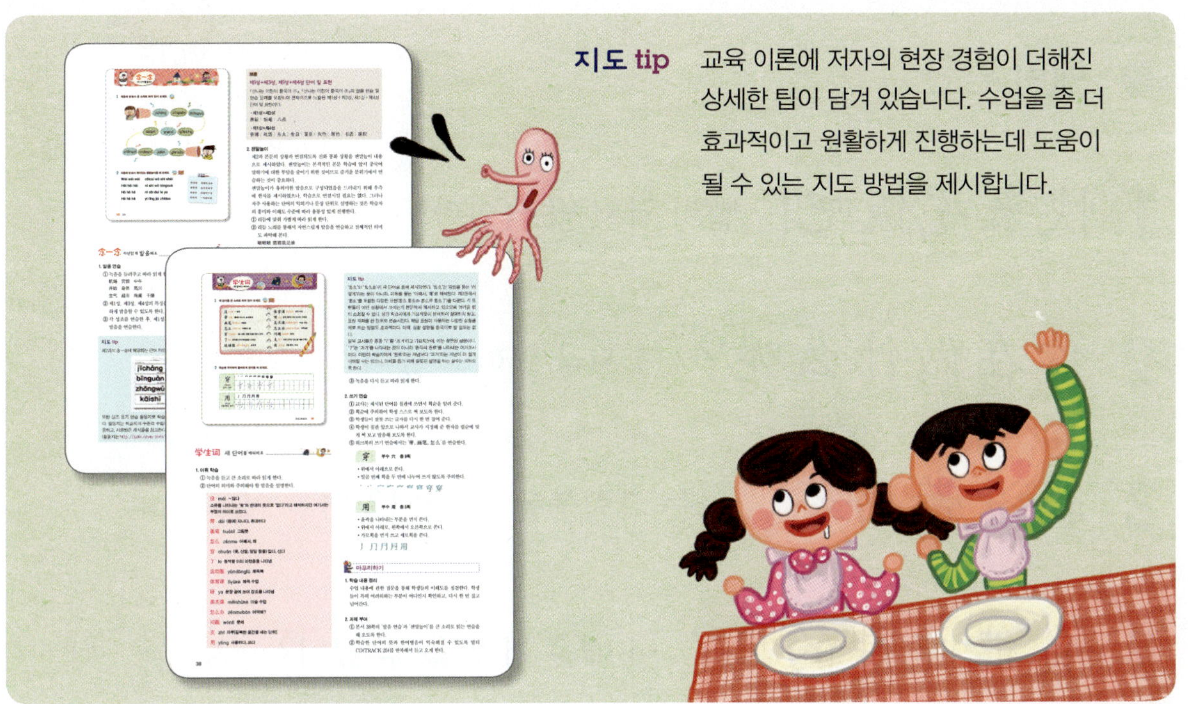

**지도 tip** 교육 이론에 저자의 현장 경험이 더해진 상세한 팁이 담겨 있습니다. 수업을 좀 더 효과적이고 원활하게 진행하는데 도움이 될 수 있는 지도 방법을 제시합니다.

**마무리하기** 해당 단원 학습 내용의 이해도를 점검하고, 학습 내용을 정리합니다.

## 3 부록

본서와 동일한 내용의 단어 카드를 수업 시간에 활용하기 편리하도록 큰 사이즈로 제공합니다.

# 차 례

## 3권의 학습 내용

| | | | |
|---|---|---|---|
| 1과 | 快来吃饭吧!<br>빨리 와서 밥 먹어라! | 문화 | 중국인의 아침 식사 |
| | | 발음 | 제1성＋제1성, 제1성＋제2성으로 이루어진 단어 연습 |
| | | 핵심표현 | 권유, 재촉하는 표현 배우기 / 위치 표현하기 |
| | | 확장연습 | 방향을 나타내는 표현 배우기 |
| 2과 | 你在做什么呢?<br>너 지금 뭐하고 있어? | 문화 | 변화무쌍 중국의 숫자 1 |
| | | 발음 | 제1성＋제3성, 제1성＋제4성으로 이루어진 단어 연습 |
| | | 핵심표현 | 진행형 표현 배우기 / 전화번호 묻고 답하기 |
| | | 확장연습 | 지역 번호를 통해 숫자 읽는 법 익히기 |
| 3과 | 我没带画笔。<br>나는 그림붓을 안 가져왔어. | 문화 | 중국 학생들의 교복 |
| | | 발음 | 제2성＋제1성, 제2성＋제2성으로 이루어진 단어 연습 |
| | | 핵심표현 | 완료 표현 배우기 / '没'를 활용한 부정 표현 배우기 |
| | | 확장연습 | 과목 이름 배우기 |
| 4과 | 你能吃辣的吗?<br>너 매운 거 먹을 수 있니? | 문화 | 중국의 맛, 맛, 맛! |
| | | 발음 | 제2성＋제3성, 제2성＋제4성으로 이루어진 단어 연습 |
| | | 핵심표현 | 능력을 나타내는 표현과 '有点儿'을 활용한 표현 배우기 |
| | | 확장연습 | 맛을 나타내는 표현 배우기 |
| 5과 | 小心点儿吧。<br>조심하세요. | 문화 | 소심(小心)해! 흉보는 걸까? 걱정하는 걸까? |
| | | 발음 | 제3성＋제1성, 제3성＋제2성으로 이루어진 단어 연습 |
| | | 핵심표현 | 동작의 반복 표현과 '一点儿'을 활용한 표현 배우기 |
| | | 확장연습 | 신체 부위를 나타내는 표현 배우기 |
| 6과 | 感冒好点儿了吗?<br>감기는 좀 괜찮아졌니? | 문화 | 주고서도 원망 받는 선물?! |
| | | 발음 | 제3성＋제3성, 제3성＋제4성으로 이루어진 단어 연습 |
| | | 핵심표현 | '多了'를 활용한 표현 배우기 / 연동문 배우기 |
| | | 확장연습 | 병원에서 사용하는 표현 배우기 |
| 7과 | 明天天气怎么样?<br>내일 날씨 어때요? | 문화 | 따뜻한 겨울? 시원한 여름? |
| | | 발음 | 제4성＋제1성, 제4성＋제2성으로 이루어진 단어 연습 |
| | | 핵심표현 | '有的'를 활용한 표현 배우기 / '太……了'로 정도 표현하기 |
| | | 확장연습 | 날씨 표현 배우기 |
| 8과 | 我们还能做什么呢?<br>우리는 또 무엇을 할 수 있을까요? | 문화 | 내가 지켜 줄게, 지구야! |
| | | 발음 | 제4성＋제3성, 제4성＋제4성으로 이루어진 단어 연습 |
| | | 핵심표현 | '要'를 사용한 의무와 금지의 표현 배우기 |
| | | 확장연습 | 재활용품과 관련된 단어 배우기 |

★ 신나는 어린이 중국어는 한 과의 수업을 4차시로 구성하여 한 권당 총 32차시의 수업으로 진행하도록 설계하였으나, 학습자의 이해 정도 및 수업 여건에 따라 탄력적으로 조정하여 지도하실 수 있습니다.

# 멀티 CD 활용하기

## 1. 플래시

• 메인 화면에서 해당 과를 클릭하면, 각 과에서 플래시로 구성된 내용을 확인할 수 있습니다.
• 을 클릭하면 메인 화면으로 돌아가며, 을 클릭하면 플래시를 종료합니다.

- 念一念 자신 있게 발음해요 코너의 잰말놀이를 플래시로 확인해 보세요.
- **듣기 설정**에서 **잰말놀이 듣기**와 **반주만 듣기** 중 하나로 설정할 수 있습니다.

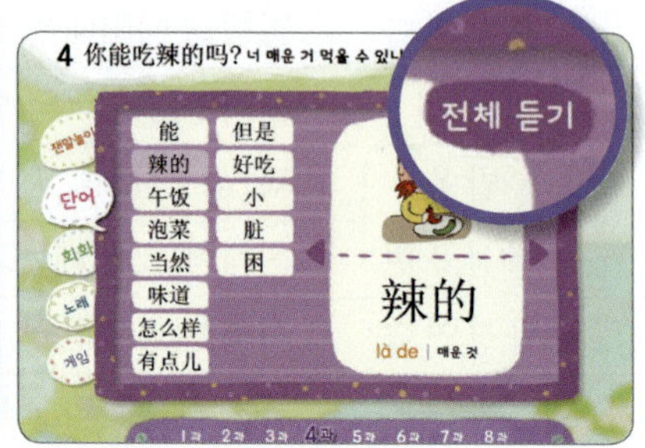


- 개별 단어를 클릭하며 발음과 뜻을 확인해 보세요.
- **전체 듣기**를 클릭하여 목록에 있는 단어 전체를 들어 볼 수 있습니다.

- 회화 내용을 애니메이션으로 만나 보세요.
- **자막 설정**에서 **한자, 한어병음, 한글해석** 중 하나로 설정할 수 있습니다.

- 玩一玩 신나게 놀아 봐요 코너 중 노래가 있는 1과, 4과, 6과의 내용을 플래시로 담았습니다.
- **듣기 설정**에서 **노래 듣기**와 **반주 듣기** 중 하나로 설정할 수 있습니다

- 1, 2과의 단어/3, 4과의 단어/5, 6과의 단어/7, 8과의 단어를 게임으로 복습해 보세요. 재미있게 카드의 짝을 맞춰보며 한자와 한어병음을 자연스럽게 익힐 수 있습니다.

## 2. 오디오 음원 

본서와 워크북의 오디오 파일이 담겨 있습니다.

• **플래시** 본 CD를 PC에 넣으면 플래시가 실행됩니다. 플래시가 실행이 안될 경우, CD 드라이브 안의 main.exe를 더블클릭해 주세요.
• **오디오 음원** 본 CD를 PC에 넣고 CD 드라이브 안의 오디오 폴더를 열어 재생하세요.

## 참고 사이트 목록

- http://www.shuifeng.net/Dic/html/index141.htm
  간체자 획순을 확인할 수 있는 사이트이다.

- http://bishun.shufaji.com/
  간체자 획순을 확인할 수 있는 사이트이다.

- http://hanyu.iciba.com/hanzi/8078.shtml
  한자의 부수, 총 획수를 확인할 수 있는 사이트이다.

- http://www.yes-chinese.com/zh-cn/tzg/
  획순이 포함된 쓰기 활동지를 간단하게 만들 수 있는 사이트로, 최대 4글자 단어까지 입력 가능하다.

- http://www.yes-chinese.com/card/
  학습 내용에 따라 한자 카드를 만들 수 있는 사이트이다.

- http://www.ltool.net/
  간체자를 한어병음으로 변환할 수 있는 사이트이다. 한어병음 변환 형식도 선택할 수 있어 매우 편리하다. 하지만 띄어쓰기는 단어 단위로 적용되지 않으므로 간체자를 한어병음으로 변환한 후 수정이 필요하다. (자세한 설명은 http://cafe.naver.com/funchinese/3798에서 제공)

- http://www.56.com/u80/v_NTI3MTIxOTM.html
  한어병음을 익힐 수 있는 동영상 사이트이다.

- http://www.4399.com/flash/28939.htm
  '日,月,火,木,金' 등의 기본적인 한자를 활용한 게임을 할 수 있는 사이트이다.

- http://www.234.cn/yuertong/szyx/
  숫자 익히기와 관련된 다양한 게임을 할 수 있는 사이트이다.

- http://www.123qibu.com/?k=906a4694
  숫자 익히기와 관련된 다양한 게임을 할 수 있는 사이트이다.

- http://en.origami-club.com/
  다양한 종이 접기 방법을 제공하는 사이트이다. 종이 접기 방법이 수준별, 종류별로 분류가 되어 있어 검색이 간편하다. (자세한 설명은 http://cafe.naver.com/funchinese/557에서 제공)

- http://www.welcome.org.cn/yinshiliyi/
  중국의 식사 예절과 관련된 내용을 확인할 수 있는 사이트이다.

- http://www.iqiyi.com/w_19rrcjqppx.html
  12지신과 관련된 동영상을 볼 수 있는 사이트이다.

- http://www.iqiyi.com/w_19rrm3jaql.html
  눈 체조 동영상을 볼 수 있는 사이트이다.

- **http://www.zzsky.cn/diy/signet/**
  중국어로 된 도장을 파일로 저장할 수 있는 사이트이다. (자세한 설명은 http://cafe.naver.com/funchinese/4543에서 제공)

- **www.aoshu.com**
  중국 교과서와 관련된 자료를 검색할 수 있는 사이트이다.

- **http://pic.baobao88.com/huiben/tonghua/**
  다양한 중국어 동화책을 온라인에서 볼 수 있는 사이트이다.

- **http://www.flaticon.com/**
  학생들의 이해를 돕기 위한 간단한 그림을 찾고자 할 때 유용한 사이트이다. 단, 한국어 지원이 되지 않기 때문에 영어로 검색해야 한다. 검색하여 찾은 그림(아이콘)은 별도의 요금 지불 없이도 각종 파일의 형태로 저장이 가능하다. 'png' 파일 형식으로 저장하면 배경이 투명해지므로, 보다 다양하게 활용이 가능하다.

- **https://pixabay.com/ko/**
  픽토그램 사이트로 한국어 지원이 가능한 사이트이다.

- **https://www.jamendo.com/**
  음원을 내려받고 활용할 수 있는 무료 음원 사이트이다. 상업적으로 활용할 음원을 내려받고 싶을 때는 검색 옵션에서 CCL을 설정 후 검색하여 사용해야 한다.

- **https://www.youtube.com/audiolibrary/music**
  유튜브에 업로드된 창작 영상을 내려받을 수 있는 사이트이다. 상업/비상업 사용 가능, 수정 가능 허락을 받고 활용할 수 있다.

- **http://www.asiafont.com/asfont/am_fonttong.php**
  400여 개의 무료 폰트를 제공하며, 폰트를 한번에 설치하거나, 선택하여 설치할 수 있는 툴을 내려받을 수 있는 사이트이다. 기업이나 공공기관에서는 구매를 해야 하지만, 개인 사용자는 무료이다.

- **http://www.online-stopwatch.com/**
  시간 제한을 두고 활동을 진행할 때 필요한 온라인 스톱워치를 내려받을 수 있는 사이트이다. 다양한 종류의 스톱워치를 기호에 맞게 선택하여 파일로 저장할 수 있다. (자세한 설명은 http://cafe.naver.com/funchinese/5221에서 제공)

# 예비 단원

## 단원 소개 및 학습 내용

학생들이 어려워하는 성조의 변화에 대해 알아보고, 성조 표기법을 익힌다. 또한 성조 연결 연습을 통해 자연스러운 발음을 구사할 수 있도록 한다.

## 단원 학습 목표

1. 중국어의 경성과 제3성, '不, 一'의 성조 변화에 대해 이해한다.
2. 성조 표기 방법을 이해하고 성조를 바르게 표기할 수 있다.
3. 성조 연결 연습을 통해 보다 자연스러운 발음을 구사한다.

## 단원 지도 계획

| 차시 | 교재 범위 | 학습 단계 | 학습 내용 |
|---|---|---|---|
| 1 | 10~13쪽 | 성조 변화 Ⅰ | 경성, 제3성의 성조 변화 |
| | | 성조 변화 Ⅱ | 不, 一의 성조 변화 |
| | | 성조 표기법 | 성조 표기 방법 |
| 2 | 14~15쪽 | 발음 연습 | 성조 연결 연습 |

## 성조, 어렵지 않아요!

### 숨은 성조, 경성

경성은 따로 성조를 표기하지는 않지만, 성조가 없는 것은 아니에요. 경성은 가볍고 짧게 발음해야 하는데, 음높이는 앞 음절의 성조에 따라 조금씩 달라집니다.

앞 음절에 따라 경성의 높이가 어떻게 달라지는지 살펴 볼까요?

| 제1성 + 경성 | 제2성 + 경성 | 제3성 + 경성 | 제4성 + 경성 |
|---|---|---|---|
| māma 妈妈 | yéye 爷爷 | jiějie 姐姐 | dìdi 弟弟 |

경성의 음높이 변화를 생각하며 읽어 보세요.

dōngxi 东西 / shénme 什么 / ěrduo 耳朵 / màozi 帽子

### 변화무쌍, 제3성

하나. 제3성이 제3성과 만나면 앞의 제3성을 제2성으로 발음해요. 하지만 성조를 표기할 때는 발음과 상관없이 원래의 성조대로 표기합니다.

제3성 + 제3성 → 제2성 + 제3성

xǐshǒu 洗手 손을 씻다

둘. 제3성이 제1성, 제2성, 제4성, 경성과 만나면 앞의 제3성을 아래로 떨어뜨리는 부분까지만 발음하고 올라가는 뒷부분은 거의 발음하지 않아요. 이것을 반3성이라고 합니다.

제3성 + 제1성 → 반3성 + 제1성
shǒuxīn 手心 손바닥

제3성 + 제2성 → 반3성 + 제2성
xuěrén 雪人 눈사람

제3성 + 제4성 → 반3성 + 제4성
yǎnjìng 眼镜 안경

제3성 + 경성 → 반3성 + 경성
nǐmen 你们 너희들

#### 학습 목표

- 경성이 포함된 단어를 바르게 읽을 수 있다.
- 제3성의 성조 변화를 이해하고 발음할 수 있다.
- '不, 一'의 성조 변화를 적용하여 발음 할 수 있다.
- 성조를 바른 위치에 표시할 수 있다.

#### 수업 준비물

교재, 멀티 CD, 단어 카드

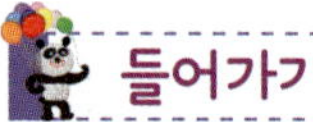

## 들어가기

- 새로 배울 내용 소개
  ① 학습 내용을 소개하기 전에 먼저 책을 전체적으로 훑어보며 학생들이 학습에 대한 기대감을 가지게 한다. 학생들과 함께 목차를 살펴보거나, 각 과의 문화 부분 그림만을 보며 간단히 이야기를 나눌 수도 있다.
  ② 보다 정확하고 자연스러운 중국어 발음을 하기 위한 연습을 진행하는 시간임을 예고한다.

## 펼치기

### 성조 어렵지 않아요!

#### 숨은 성조, 경성

① 먼저 학생들에게 제시된 중국어의 성조를 차례대로 발음해 보도록 한다.

◆ 교사는 학생들이 정확한 성조로 발음할 수 있는지 유심히 살펴보고, 필요한 경우 적절한 교정 지도를 한다.

② 가볍고 짧게 발음하는 경성에 대해 설명하고, 음원을 듣고 따라서 연습해 보도록 한다.

③ 앞 음절의 성조에 따라 높이가 달라지는 경성에 대해 설명한다.

◆ 4개의 성조와 경성이 결합된 단어를 들려주고, 그중 경성이 가장 높게 혹은 낮게 들리는 단어를 물어보는 등의 간단한 퀴즈를 통해 흥미를 유발하면서 앞 음절의 성조에 따라 높이가 달라지는 경성의 특징을 귀납적으로 설명할 수도 있다.

④ 따라 읽기, 모둠별로 돌아가며 읽기, 특정 단어 읽기 등 다양한 방법으로 지루하지 않게 반복적으로 연습을 진행하여 충분한 연습 기회를 제공한다.

◆ 교재에 있는 단어 외에도 경성이 포함된 단어를 활용하여 연습한다.

예 桌子 zhuōzi | 鞋子 xiézi | 椅子 yǐzi | 镜子 jìngzi

#### 변화무쌍, 제3성

① 단음절로 이루어진 제3성의 발음을 확인한다.

◆ 저학년에게는 설명보다 직접 경험하게 하는 방법을 추천한다. 예를 들어, '好'를 먼저 발음한 후, '你'를 추가로 제시해서 '你'와 '好'를 함께 읽어 보게 한다. 그다음에는 '你'를 제3성이 아닌 제2성으로 발음하도록 하고, 앞선 발음과 비교하여 어떤 경우에 발음이 쉬웠는지 경험을 통해 인지하도록 돕는다.

② 제3성+제3성 단어는 제2성+제3성으로, 제3성+제1·2·4성 단어는 반3성+제1·2·4성으로 발음한다는 것을 설명한다.

◆ 성조의 변화는 더 편하고 쉽게 발음할 수 있는 방향으로 이루어지는 경우가 대부분이다. 따라서 자세한 설명보다는 충분한 연습 과정에서

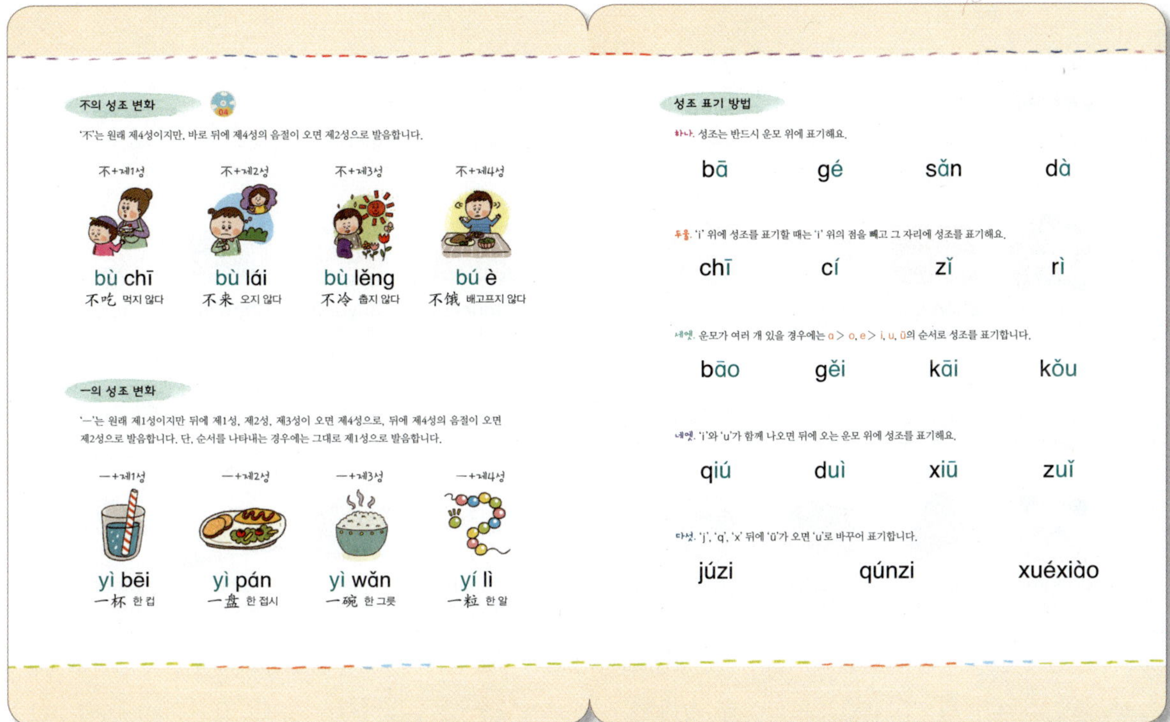

**不의 성조 변화**

'不'는 원래 제4성이지만, 바로 뒤에 제4성의 음절이 오면 제2성으로 발음합니다.

| 不+제1성 | 不+제2성 | 不+제3성 | 不+제4성 |
| --- | --- | --- | --- |
| bù chī | bù lái | bù lěng | bú è |
| 不吃 먹지 않다 | 不来 오지 않다 | 不冷 춥지 않다 | 不饿 배고프지 않다 |

**一의 성조 변화**

'一'는 원래 제1성이지만 뒤에 제1성, 제2성, 제3성이 오면 제4성으로, 뒤에 제4성의 음절이 오면 제2성으로 발음합니다. 단, 순서를 나타내는 경우에는 그대로 제1성으로 발음합니다.

| 一+제1성 | 一+제2성 | 一+제3성 | 一+제4성 |
| --- | --- | --- | --- |
| yì bēi | yì pán | yì wǎn | yí lì |
| 一杯 한 컵 | 一盘 한 접시 | 一碗 한 그릇 | 一粒 한 알 |

**성조 표기 방법**

하나. 성조는 반드시 운모 위에 표기해요.

bā gé sǎn dà

두울. 'i' 위에 성조를 표기할 때는 'i' 위의 점을 빼고 그 자리에 성조를 표기해요.

chī cí zǐ rì

세엣. 운모가 여러 개 있을 경우에는 a > o, e > i, u, ü의 순서로 성조를 표기합니다.

bāo gěi kāi kǒu

네엣. 'i'와 'u'가 함께 나오면 뒤에 오는 운모 위에 성조를 표기해요.

qiú duì xiū zuǐ

다섯. 'j', 'q', 'x' 뒤에 'ü'가 오면 'u'로 바꾸어 표기합니다.

júzi qúnzi xuéxiào

자연스럽게 익힐 수 있도록 기회를 제공하는 것이 바람직하다.

예 好吃 hǎochī | 旅游 lǚyóu | 洗澡 xǐzǎo | 好看 hǎokàn

### 不, 一의 성조 변화

① '不 bù' 뒤에 제4성이 오는 경우 'bú'로 발음한다는 것을 설명하고, 예시 단어를 통해 연습해 본다.

◆ 교재의 예시 외에도 활용할 수 있는 단어는 다음과 같다.

예 不喝 bù hē | 不玩儿 bù wánr | 不好 bù hǎo | 不去 bú qù

② '一 yī' 뒤에 제1·2·3성이 오면 'yì'로, 제4성이 오면 'yí'로 발음한다는 것을 설명한 후, 예시 단어를 통해 연습해 본다.

◆ 교재의 예시 외에도 활용할 수 있는 단어는 다음과 같다.

예 一天 yìtiān | 一直 yìzhí | 一起 yìqǐ | 一会儿 yíhuìr

### 성조 표기 방법

① 교재에 제시된 성조 표기 방법을 순서대로 크게 읽어 본다.
② 각 표기 방법에 해당하는 한어병음을 발음하면서 성조의 위치를 확인해 보도록 한다.
③ 간단한 활동지를 만들어 각 성조 표기 방법에 따라 정확한 위치에 성조를 표기하는 연습 기회를 제공할 수도 있다.

**지도 tip**

성조는 음절 전체에 걸쳐 실현되는 음의 높낮이 표기이다. 결합 운모의 경우 입을 벌렸을 때 크기가 가장 크고 음이 가장 강하게 울리는 운모 위에 성조를 표기하는 것이 원칙이다.

저학년의 경우, 직관적인 지도법을 활용할 수 있다. 예를 들어 교사가 입을 평소보다 크게 벌려 과장되게 발음하고 학생들은 교사의 입 모양을 주의하여 보도록 한다. 어느 부분에서 입이 가장 크게 벌려지는지 찾아보고, 그 운모 위에 성조를 표기한다는 것을 판서를 통해 시각적으로 보여 주는 방법을 활용할 수 있다.
성조의 정확한 표기는 학습의 진행과 더불어 자연스럽게 익힐 수 있는 부분이므로, 너무 자세하게 설명하거나 규칙을 외우도록 강요할 필요는 없다. 평소 교사가 정확한 위치에 올바르게 표기를 하는 것이 중요하다.

## 마무리하기

**1. 학습 내용 정리**

경성, 제3성, '不, 一'의 성조 변화에 대해 간략하게 설명하거나, 필요에 따라 학생들이 어려워하는 발음은 다시 한 번 큰 소리 읽어 보며 학습 내용을 정리한다.

**2. 과제 부여**

오늘 학습한 내용을 정확한 발음으로 읽어 오게 한다.

### 학습 목표

• 성조 연결 연습을 통해 자연스러운 중국어 발음을 구사할 수 있다.

### 수업 준비물

교재, 멀티 CD, 단어 카드

## 들어가기

**1. 지난 시간 복습**

① 경성, 제3성, 不, 一의 성조 변화와 관련된 단어를 정확한 발음으로 읽어 보도록 한다.

② 성조 표기 방법을 정확히 이해했는지 확인한다.

**2. 새로 배울 내용 소개**

• 학습 목표를 소개하고 함께 읽어 본다.

## 펼치기

### ● 성조 어렵지 않아요! ●

#### 성조 연결 연습

① 교재에 제시된 각 성조 연결 연습 단어의 음원을 듣고 연습한다.

◆ 교사는 적절한 수신호를 활용하여 학습자가 성조의 높낮이에 대한 차이를 느낄 수 있도록 도와준다.

② 따라 읽기, 모둠별로 돌아가며 읽기, 특정 단어 읽기 등 다양한 방법으로 지루하지 않게 반복적으로 연습을 진행하여 충분한 연습 기회를 제공한다.

### 지도 tip

원래 '葡萄'는 'pútáo'와 'pútao' 발음 모두 표준 발음으로 인정되었으나 최근 현대한어사전 제6판부터 'pútao'만을 표준 발음으로 인정한다. 『신나는 어린이 중국어 ③』은 현대한어사전 제5판을 참고하였으므로 'pútáo'로 되어 있다. 제2성과 제2성의 결합 발음 연습을 위한 예시이므로 교재의 'pútáo' 발음으로 연습해 본 후, 실생활에는 'pútao'라고 발음한다고 가볍게 설명해 준다. 제2성+제2성으로 구성된 다른 단어로는 '邮局 yóujú', '皮球 píqiú', '蝴蝶 húdié' 등이 있다.

## 마무리하기

**1. 학습 내용 정리**

성조 표기 방법에 대한 내용을 정리해 보고, 성조 연결 연습 중 학생들이 어려워하는 발음은 다시 한 번 큰 소리 읽어 보며 학습 내용을 정리한다.

**2. 과제 부여**

오늘 학습한 내용을 정확한 발음으로 읽어 오게 한다.

# 1 快来吃饭吧! 빨리 와서 밥 먹어라!

## 단원 소개 및 학습 내용

중국인의 아침 식사에 대해 알아보고, 이와 관련된 문화를 살펴본다. 상대방에게 권유, 재촉하는 표현과 사물의 위치를 나타내는 표현을 익힌다.

## 단원 학습 목표

1. 제1성+제1성, 제1성+제2성으로 이루어진 단어를 정확하게 읽을 수 있다.
2. '快……吧'를 활용하여 상대방에게 빨리 행동하도록 권유, 재촉할 수 있다.
3. '上, 下'를 활용하여 사물의 위치를 표현할 수 있다.

## 단원 지도 계획

| 차시 | 교재 범위 | 학습 단계 | 학습 내용 |
|---|---|---|---|
| 1 | 16~19쪽 | 문화 | 중국인의 아침 식사 |
| | | 발음 | 제1성+제1성, 제1성+제2성으로 이루어진 단어 |
| | | 새 단어 | 본문 새 단어 학습<br>쓰기 연습 (快, 在) |
| 2 | 20~21쪽 | 회화 | 상대방에게 권유, 재촉하기<br>사물의 위치 묻고 답하기 |
| 3 | 22~23쪽 | 교체 연습 | '快……吧'를 활용한 권유, 재촉하는 표현하기<br>'上, 下'를 활용한 사물의 위치 표현하기 |
| | | 연습 문제 | 발음 및 본문 내용 관련 문제 풀기 |
| 4 | 24~25쪽 | 확장 연습 | 방향을 나타내는 표현 배우기 |
| | | 활동 | 노래로 배워요: 쓱쓱 싹싹 이 닦자! |

1차시 16~19쪽

**학습 목표**

- 중국인의 아침 식사에 대해 이해한다.
- 제1성+제1성, 제1성+제2성으로 이루어진 단어를 정확하게 발음할 수 있다.
- 새 단어의 발음과 뜻을 익히고, 획순에 맞게 쓸 수 있다.

**수업 준비물**

교재, 멀티 CD, 단어 카드

## 들어가기

**1. 지난 시간 복습**

예비 단원에서 익혔던 경성과 성조 변화를 간단히 확인한다.

**2. 새로 배울 내용 소개**

① 그림과 문화 내용을 살펴보면서 이번 단원에서 배울 내용이 무엇인지 유추해 보게 한다.

◆ 그림 속에 보이는 아침 시장 풍경과 음식의 모양과 이름을 살펴보고, 각 음식이 어떤 맛일지 추측해 보게 한다. 또한 아침 식사를 하고 등교하는지, 아침 식사로 주로 어떤 음식을 먹는지 등에 대해 가볍게 이야기해 보며 흥미를 유발한다.

② 새로운 내용을 학습하기에 앞서 가볍게 발음 연습을 하고, 본문 학습 이전에 새 단어를 익혀 보는 시간임을 알려 준다.

## 펼치기

- **문화 소개: 중국인의 아침 식사**

① 그림 속에 있는 음식(훈툰, 유탸오, 더우장, 젠빙)의 모양과 이름에 대해 살펴본다.

② 본문의 문화 내용을 함께 읽어 본다.

③ 이번 과에서 배우는 내용과 연관이 있음을 언급하고 수업을 시작한다.

**보충**

**중국인의 아침 식사 메뉴**

- 훈툰(馄饨 húntun): 밀가루로 만든 피에 고기, 채소 등 소를 넣고 삶아서 국물과 함께 먹는 음식이다. 우리나라의 물만두와 비슷하다.
- 유탸오(油条 yóutiáo): 밀가루를 막대 모양으로 만들어 기름에 튀긴 음식으로 맛은 약간 짭짤하다. 우리나라의 꽈배기와 비슷하다.
- 더우장(豆浆 dòujiāng): 중국 한족의 전통 음료로 전한 시기부터 마시기 시작하였다. 콩을 물에 불려 갈아서 걸러낸 후 끓여서 만든다. 영양이 매우 풍부하고 소화를 돕는다. 중국의 특색을 지닌 대표적인 음식이다.
- 젠빙(煎饼 jiānbing): 전한 시기부터 먹었다고 전해지는 젠빙은 발효시킨 밀가루와 녹두, 팥 등을 갈은 가루를 섞어 반죽하여 철판에 얇게 펼쳐서 동그랗게 구운 간단한 음식이다. 구운 젠빙에 소스를 발라, 채소나 달걀 프라이를 얹어서 싸 먹기도 한다.

이 밖에도 중국 사람들은 죽(粥 zhōu)을 즐겨 먹기 때문에 캔이나 다양한 포장 용기에 담긴 죽을 쉽게 구입할 수 있다.

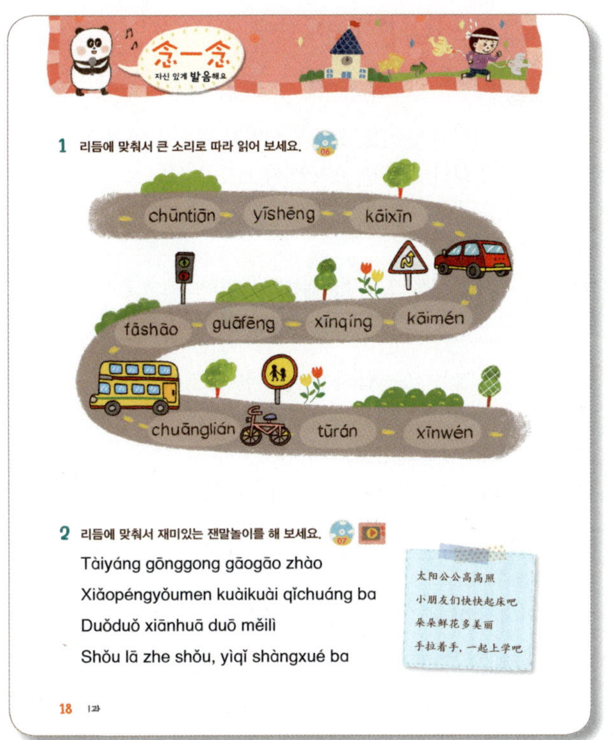
念一念 자신 있게 발음해요

1 리듬에 맞춰서 큰 소리로 따라 읽어 보세요.

chūntiān yīshēng kāixīn
fāshāo guāfēng xīnqíng kāimén
chuānglián tūrán xīnwén

2 리듬에 맞춰서 재미있는 잰말놀이를 해 보세요.

Tàiyáng gōnggong gāogāo zhào
Xiǎopéngyǒumen kuàikuài qǐchuáng ba
Duǒduǒ xiānhuā duō měilì
Shǒu lā zhe shǒu, yìqǐ shàngxué ba

太阳公公高高照
小朋友们快快起床吧
朵朵鲜花多美丽
手拉着手，一起上学吧

18 1과

### 1. 발음 연습

① 녹음을 들려주고 따라 읽게 한다.

春天　医生　开心

发烧　刮风　心情　开门

窗帘　突然　新闻

◆ 교재 삽화를 따라 읽는 것이 아니라, 한 줄씩 읽으며 연습한다.

예 kāixīn-kāimén-xīngqíng (X)　kāixīn-fāshāo-guāfēng (O)

② 제1성과 제2성의 특징을 다시 한 번 확인한 후, 보다 정확하게 발음할 수 있도록 한다.

③ 각 성조를 연습한 후, 제1성과 제1성, 제1성과 제2성이 결합된 발음을 연습한다.

#### 지도 tip

제1과의 念一念에 해당하는 단어 카드 활동지를 활용하여 발음을 연습한다.

또한 성조 표기 연습 활동지로 학습자의 성조 파악 정도를 확인할 수 있다. 활동지는 학습자의 수준과 수업의 진도에 따라 적절하게 선택하여 사용하고, 사용법은 게시글을 참고한다.
(활동지는 http://cafe.naver.com/funchinese/7442에서 제공)

**보충**

#### 제1성+제1성, 제1성+제2성 단어 및 표현

『신나는 어린이 중국어 ①』과 『신나는 어린이 중국어 ②』의 발음 연습 및 연습 문제를 포함하여 학습한 제1성+제1성, 제1성+제2성 단어 및 표현이다.

**· 제1성+제1성**

今天 | 星期 | 书包 | 医生 | 司机 | 西瓜 | 香蕉 | 开车 | 飞机 | 出租车

**· 제1성+제2성**

中国 | 英国 | 公园 | 菠萝 | 欢迎 | 喝茶

#### 지도 tip

성조를 다르게 발음했을 때 전혀 다른 의미의 단어가 될 수 있다는 것을 예로 들어 성조 발음에 더욱 유의하도록 한다.

예 春天 chūntiān - 春田 chūntián 스프링필드
突然 tūrán - 徒然 túrán 헛되이, 쓸데없이
书包 shūbāo - 书报 shūbào 서적과 신문
公园 gōngyuán - 宫苑 gōngyuàn 궁정

단, 성조에 따라 의미가 달라지는 중국어 표현은 어린이 학습자가 학습량의 부담을 느낄 수 있으므로 자세히 학습하는 것보다는 예시를 제시하는 수준으로 진행하는 것이 바람직하다.

### 2. 잰말놀이

제1과 본문의 상황과 연결되도록 등굣길의 상황을 잰말놀이 내용으로 제시하였다. 잰말놀이는 본격적인 본문 학습에 앞서 중국어 말하기에 대한 부담을 줄이기 위한 것이므로 즐거운 분위기에서 연습하는 것이 중요하다.

잰말놀이가 유의미한 발음으로 구성되었음을 나타내기 위해 우측에 한자를 제시하였으나, 학습으로 연결시킬 필요는 없다. 그러나 자주 사용하는 단어의 익히거나 문장 단위로 설명하는 것은 학습자의 흥미와 이해도 수준에 따라 융통성 있게 진행한다.

① 리듬에 맞춰 가볍게 따라 읽게 한다.

② 리듬 노래를 통해서 자연스럽게 발음을 연습하고 전체적인 의미도 파악해 본다.

太阳公公高高照
Tàiyáng gōnggong gāogāo zhào
해님이 높이 높이 비추네요

小朋友们快快起床吧
Xiǎopéngyǒumen kuàikuài qǐchuáng ba
우리 친구들 빨리 빨리 일어나세요

朵朵鲜花多美丽
Duǒduǒ xiānhuā duō měilì
송이 송이 꽃들이 참 아름다워요

手拉着手，一起上学吧
Shǒu lā zhe shǒu, yìqǐ shàngxué ba
손에 손잡고 같이 학교 가요

③ 연습 정도에 따라 속도를 조절하여 능숙하게 발음할 수 있도록 지도한다.

学生词 새 단어를 배워봐요

1 새 단어를 큰 소리로 따라 읽어 보세요.

快 kuài 빨리, 빠르다
来 lái 오다
饭 fàn 밥
马上 mǎshàng 곧, 즉시
书包 shūbāo 책가방
在 zài ~에 있다
可能 kěnéng 아마(~일지도 모른다)
椅子 yǐzi 의자
上 shàng 위[명사 뒤에서는 shang]
啊 à 아![놀라거나 감탄할 때]
这儿 zhèr 여기, 이곳

2 획순에 주의하여 올바르게 한자를 써 보세요.

快 kuài 빨리, 빠르다
在 zài ~에 있다

快来吃饭吧! 19

## 学生词 새 단어를 배워봐요

**1. 어휘 학습**

① 녹음을 듣고 큰 소리로 따라 읽게 한다.
② 단어의 의미와 주의해야 할 발음을 설명한다.

快 kuài 빨리, 빠르다

来 lái 오다

饭 fàn 밥

马上 mǎshàng 곧, 즉시
'上'이 방위사로 쓰일 때는 경성으로 읽지만, 여기에서는 원래 성조인 제4성으로 읽는다.

书包 shūbāo 책가방

在 zài ~에 있다
'在' 뒤에는 항상 구체적인 장소 표현이 사용된다. 그러나 '椅子, 桌子'와 같이 장소가 아닌 단어가 오는 경우 '上, 下' 등의 방향사와 함께 사용해야 한다.

可能 kěnéng 아마(~일지도 모른다)

椅子 yǐzi 의자
'子'는 원래 제3성 'zǐ'로 발음하지만, '의자'라는 의미로 사용될 때는 특별한 의미 없이 접미사로 사용되므로 경성으로 읽는다.

上 shàng 위[명사 뒤에서는 shang]

啊 à 아![놀라거나 감탄할 때]

这儿 zhèr 여기, 이곳

③ 녹음을 다시 듣고 따라 읽게 한다.

**2. 쓰기 연습**

① 교사는 제시된 단어를 칠판에 쓰면서 획순을 알려 준다.
② 획순에 주의하여 학생 스스로 써 보도록 한다.

> **지도 tip**
> 학생들이 한자를 직접 쓰기 어려워하면 손가락으로 허공에 쓰거나 학생들끼리 서로 등판에 쓰고 맞혀 보는 게임 방식을 활용해도 좋다.

③ 학생들이 잘못 쓰는 글자를 다시 한 번 짚어 준다.
④ 학생이 칠판 앞으로 나와서 교사가 지정해 준 한자를 필순에 맞게 써 보고 발음해 보도록 한다.
⑤ 워크북의 쓰기 연습에서는 '马上, 可能, 这儿'을 연습한다.

**快** 부수 忄 총 7획

- 위에서 아래로, 왼쪽에서 오른쪽으로 쓴다.
- '忄'을 쓸 때 무조건 왼쪽에서 오른쪽 방향으로 쓰는 것이 아니라 순서에 유의하도록 한다.

**在** 부수 土 총 6획

- 가로획과 세로획이 겹칠 때는 가로획을 먼저 쓴다.
- 위에서 아래로, 왼쪽에서 오른쪽으로 쓴다.

## 마무리하기

**1. 학습 내용 정리**

수업 내용에 관한 질문을 통해 학생들의 이해도를 점검한다. 학생들이 특히 어려워하는 부분이 어디인지 확인하고, 다시 한 번 짚고 넘어간다.

**2. 과제 부여**

① 본서 18쪽의 '발음 연습'과 '잰말놀이'를 큰 소리로 읽는 연습을 해 오도록 한다.
② 학습한 단어의 뜻과 한어병음이 익숙해질 수 있도록 멀티 CD(TRACK 08)를 반복해서 듣고 오게 한다.

2차시 20~21쪽

**학습 목표**

- 상대방에게 권유, 재촉하는 표현을 할 수 있다.
- 사물의 위치를 묻고 답할 수 있다.

**수업 준비물**

교재, 멀티 CD

## 들어가기

**1. 지난 시간 복습**

① 과제를 확인한다.

② 그림 자료나 PPT 등의 시각 자료를 활용하여 지난 차시에 다룬 문화 관련 내용을 확인한다.

**2. 새로 배울 내용 소개**

① 학습 목표를 소개한다.

② 본문의 그림을 보고 어떤 상황인지 유추해 보도록 한다.

## 펼치기

### 一起说 친구들과 대화해요

**1. 단어 확인하기**

① 단어 카드를 활용하여 지난 시간에 학습한 단어를 읽어 보게 한다. 멀티 CD의 단어 플래시를 활용하여 단어를 복습할 수도 있다.

② 교사가 중국어로 단어를 제시하면 학생들은 우리말로 그 단어의 뜻을 말한다.

③ 학생들이 단어의 뜻을 정확하게 이해했다면, 교사는 학생들에게 우리말로 단어를 제시하고 중국어로 대답해 보게 한다.

**지도 tip**

교사용 낱글자 단어 카드와 교사용 지도서 뒤에 있는 새 단어 카드를 활용하여 단어 학습을 할 수 있다.
(교사용 낱글자 단어 카드는 http://cafe.naver.com/funchinese/5315 에서 제공)

**2. 녹음 듣고 문장 연습하기**

① 녹음을 들려주고 따라 읽게 한다.

② 문장 단위로 따라 읽게 하고 해석한다.

**본문 해석**

| | |
|---|---|
| 大卫的妈妈 | 大卫，快来吃饭吧！<br>데이빗, 빨리 와서 밥 먹어라! |
| 大卫 | 我马上来。妈妈，我的书包在哪儿？<br>저 금방 갈게요. 엄마, 제 책가방 어디에 있어요? |
| 大卫的妈妈 | 可能在椅子上。<br>아마 의자 위에 있을 거다. |
| 大卫 | 啊！在这儿！<br>아! 여기 있네요. |

**지도 tip**

상대방의 입장을 고려하여 상대방을 배려하는 중국인의 언어 습관에 따라, '저 금방 갈게요.'에 해당하는 중국어 표현은 '我马上去。'가 아닌 '我马上来。'라고 한다.
고학년이라면 똑같은 상황에서 영어로 'I'm coming.'이라고 하는 것을 예로 들 수 있다. 중국어를 학습할 때 문장 속 각 단어의 의미와 문장 전체의 해석이 일대일로 대응되지 않는 경우가 있는데, 이를 하나하나 분석하기보다는 중국인의 언어 습관으로 이해하고 연습을 통해 자연스럽게 받아들일 수 있도록 지도한다.

③ 교재의 문장을 정확한 발음으로 읽어 보도록 한다.

**지도 tip**

학생들이 기본적인 발음 연습과 단어 학습을 마친 상태이므로, 스스로 문장의 의미를 파악할 수 있게 한다.
만약 각 단어의 뜻은 기억하지만 문장으로 제시했을 때 해석에 어려움을 겪는 학습자가 있다면 핵심 단어를 중심으로 단계적인 해석을 할 수 있도록 지도한다.
'可能'은 본문에서 '아마(~일지도 모른다)'의 뜻으로 가능성이 있는 추측의 어감을 나타낸다. '可能在椅子上。'의 표현은 실생활에서 자주 사용할 수 있으므로 충분한 연습을 통해 확실하게 기억할 수 있도록 지도한다.
같은 문장을 반복적으로 연습하는 과정이 지루할 수 있으므로, '椅子' 대신 교실의 물건을 다양하게 활용하여 변화를 줄 수 있다. 『신나는 어린이 중국어 ①』 제7과에서 학습한 교실 물건 명칭을 활용할 수도 있고, 주요 문형을 부담 없이 익히기 위해 연습 난이도를 조정하여 '可能在컴퓨터上。'처럼 물건 명칭은 우리말로, 주요 구문은 중국어로 말할 수도 있다.

④ 두 사람씩 짝을 지어 대화문을 연습해 보게 한다. 역할을 바꾸어 가면서 연습하도록 지도하여 반복적인 연습이 지루해지지 않도록 주의한다.

⑤ 간체자만 보고 본문을 읽는 연습을 한다.

### 3. 문장 듣고 해석하기

교사가 읽어 주는 내용을 듣고 우리말로 해석하게 한다.

**지도 tip**

교구를 활용한 방향사 표현 연습 역시 난이도를 조절하여 순차적으로 진행할 수 있다.

① 교사가 중국어로 방향사 표현 또는 방향사를 포함한 문장을 들려주고 교구 자료를 활용하여 시연한다.

② 교사가 중국어 표현을 말하면 학생들이 우리말로 해석한다. 정확하게 해석했다면 교구를 배치한다. 해석이 틀린 경우, 힌트를 제공하여 다시 한 번 해석해 보게 한다.

③ 교사가 우리말로 말하고, 학생들이 중국어로 바꿔 정확하게 표현하면 내용과 일치하게 교구를 배치하여 시각적으로 확인할 수 있도록 한다.

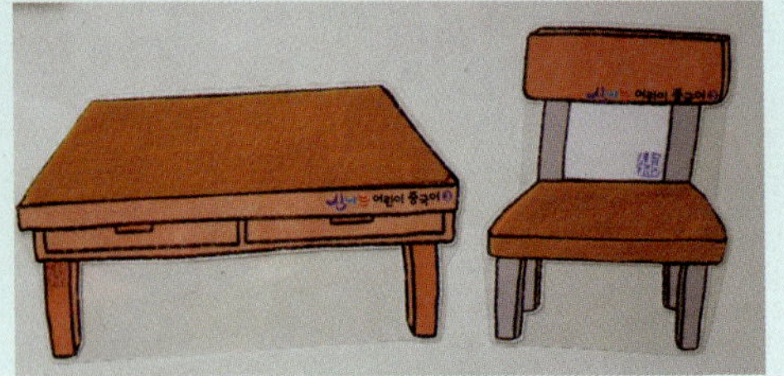

④ 지원자를 선발하거나 교사가 지목한 학생이 중국어 문장을 말하면, 그 내용과 일치하도록 교구를 직접 배치해 보는 등 학습자의 수준에 따라 적절한 방법을 취사선택하여 다양한 방법으로 충분한 반복 연습 기회를 제공한다.

(교구 자료는 http://cafe.naver.com/funchinese/6466에서 제공)

### 4. 해석 듣고 중국어 문장으로 말하기

① 실제 대화하는 것처럼 자연스럽게 말하도록 지도한다.

② 짝과 함께 회화 내용을 연습하고, 역할을 바꾸어 반복 연습하도록 지도한다.

**지도 tip**

『신나는 어린이 중국어 ①』, 『신나는 어린이 중국어 ②』에서 학습한 사물의 명칭을 활용하여 위치 표현을 연습할 수 있다.
电话 | 电梯 | 电脑 | 电视 | 电扇 | 书 | 书包 | 床 | 杯子 | 手机 | 黑板 | 剪刀 | 铅笔 | 铅笔盒 | 本子 | 椅子 | 桌子 | 橡皮 | 杂志 | 彩纸 | 词典 | 水果 | 苹果 | 梨 | 桔子(橘子) | 萝卜 | 葡萄 | 桃子 | 西瓜 | 香蕉 | 草莓 | 彩笔 | 雨伞 | 钱包 ; 包子 | 水 | 牛奶 | 可乐 | 果汁 | 面包 | 自行车 | 摩托车 | 船 | 飞机 | 公共汽车 | 出租车 | 地铁
실제 수업에서 교구가 어디에 위치하는지 학습자가 대답하도록 유도한다. 주요 구문과 방향사 표현이 어느 정도 익숙해졌다면 점점 속도감 있게 상황을 제시함으로써 학생들이 몰입해서 연습에 참여할 수 있도록 한다.
이처럼 시각적 자극이 있는 교구의 활용은 직관적으로 말하기를 연습하기 위한 효과적인 방법 중 하나이다.
본문을 모두 학습한 후, 학생들이 본문의 단어를 바꿔서 새로운 본문을 완성해 보는 것도 성취감을 느낄 수 있다. 학생들이 교사의 의도를 제대로 파악하지 못한 경우, 교사는 힌트를 줄 수 있다. 예를 들어, '快来吃饭吧!' 문장에서는 '饭' 대신 '草莓', '煎鸡蛋', '面包' 등 교재 본문 그림에 있는 음식으로 바꿔서 문장을 완성할 수 있다. 또한 '可能在椅子上。' 문장에서 '椅子' 대신 그림에 있는 '饭桌' 또는 '圆桌'로 바꿀 수도 있으며, 만약 학생들이 모르는 단어를 질문하면 교사가 알려 준다. 문형을 익히는 것이 목적이므로 모르는 단어는 우리말로 대신 할 수도 있다.

## 마무리하기

### 1. 학습 내용 정리

학습 내용을 다시 한번 확인한다. 멀티 CD 회화 애니메이션의 자막을 변경해 가며 회화 내용을 확실히 익혔는지 확인해 볼 수 있다.

### 2. 과제 부여

① 본문을 세 번씩 큰 소리로 읽어 오게 한다.

② 자신의 방이나 교실 책상을 가상으로 그린 후, 그림의 내용과 일치하도록 물건의 위치를 나타내는 문장을 만들어 오게 한다.

学一学 차근차근 익혀봐요

'快……吧'는 '빨리 ~해라', '빨리 ~하자'는 뜻으로, 어떤 일이나 행동을 빨리 하도록 재촉하거나 권유할 때 사용해요.

快来吃饭吧!
Kuài lái chīfàn ba!
빨리 와서 밥 먹어라!

睡觉 shuìjiào
잠을 자다

洗手 xǐshǒu
손을 씻다

起床 qǐchuáng
(잠자리에서) 일어나다

'在+장소'는 '~에 있다'는 뜻입니다. 장소를 나타내는 단어가 아닌 경우에는 뒤에 '上'이나 '下'를 붙여서 '~ 위에 있다', '~ 아래에 있다'고 위치를 표현할 수 있어요.

在桌子上 zài zhuōzi shang
책상 위에 있다

在椅子下 zài yǐzi xia
의자 아래에 있다

★ 下 xià 아래[명사 뒤에서는 xia]

22 1과

### 학습 목표

- '快……吧'를 활용하여 권유, 재촉하는 표현을 할 수 있다.
- '上, 下'를 활용하여 사물의 위치를 표현할 수 있다.

### 수업 준비물

교재, 음성 자료

## 들어가기

**1. 지난 시간 복습**

① 과제를 확인한다.

② 지난 차시 학습 내용을 확인한다.

본문 내용을 짚어 보며 문답식으로 확인하거나, 상황에 맞는 그림 또는 다양한 PPT 자료를 활용하여 확인한다.

**2. 새로 배울 내용 소개**

① 학습 목표를 소개한다.

② 주제와 관련된 내용을 소개한다.

## 펼치기

### 学一学 차근차근 익혀봐요

**1. '快……吧'를 활용한 권유, 재촉 표현**

① 녹음을 듣고 정확한 발음으로 따라 읽도록 지도한다.

② 새 단어의 의미를 확인하고 문장으로 연습해 본다.

③ 충분한 연습을 통해 제시된 문장을 자연스럽게 표현할 수 있도록 한다.

快来吃饭吧! 빨리 와서 밥 먹어라!

밑줄 친 부분을 바꿔서 말해 봐요!

快睡觉吧! 빨리 자거라!

快洗手吧! 빨리 손을 씻어라!

快起床吧! 빨리 일어나라!

◆ 각 문장을 정확하게 발음하는지 확인하고, 발음에 익숙해지면 보다 자연스럽게, 이야기하듯이 말할 수 있도록 지도한다.

**보충**

**동사(구)**

『신나는 어린이 중국어 ①』, 『신나는 어린이 중국어 ②』에서 학습한 동사(구)이다.

看(中国)电影 | 学汉语 | 听音乐 | 唱(中国)歌 | 画画儿 | 做剪纸 | 玩儿 | 走 | 写 | 贴 | 拿 | 挂 | 坐 | 去(书店/图书馆/中国) | 回家 | 做 | 看 | 喝(牛奶/水/果汁/茶) | 吃(包子/水果/面包) | 骑(自行车/摩托车) | 坐(飞机/船/火车/公共汽车/出租车/地铁) | 开车 | 做饭 | 游泳

학습한 단어 외에도 일상생활에서 자주 사용하는 단어를 활용하여 연습할 수 있다.

**2. '上, 下'를 활용한 위치 표현**

① 녹음을 듣고 정확한 발음으로 따라 읽도록 지도한다.

② 새 단어의 의미를 확인하고 문장으로 연습해 본다.

③ 충분한 연습을 통해 제시된 문장을 자연스럽게 표현할 수 있도록 한다.

在桌子上 책상 위에 있다

在椅子下 의자 아래에 있다

**지도 tip**

학생들이 좋아하는 그림 자료나 소지품 등을 이용하여 연습하면 흥미를 유발할 수 있다. 교구를 활용하여 방향 표현을 연습해 본다. 그림을 모양대로 오려서 코팅한 후, 책상과 의자 부분에 부직포를 붙이면, 연습할 때 매우 편리하다. 코팅한 면에 셀로판테이프를 붙여서 그림을 움직이는 방법도 있다. 저학년이거나 이해가 느린 학생이라면 '上'과 '下' 둘 중 하나라도 확실히 기억할 수 있도록 수업 차시를 구분해서 연습할 수 있다.

(교구 자료는 http://cafe.naver.com/funchinese/6466에서 제공)

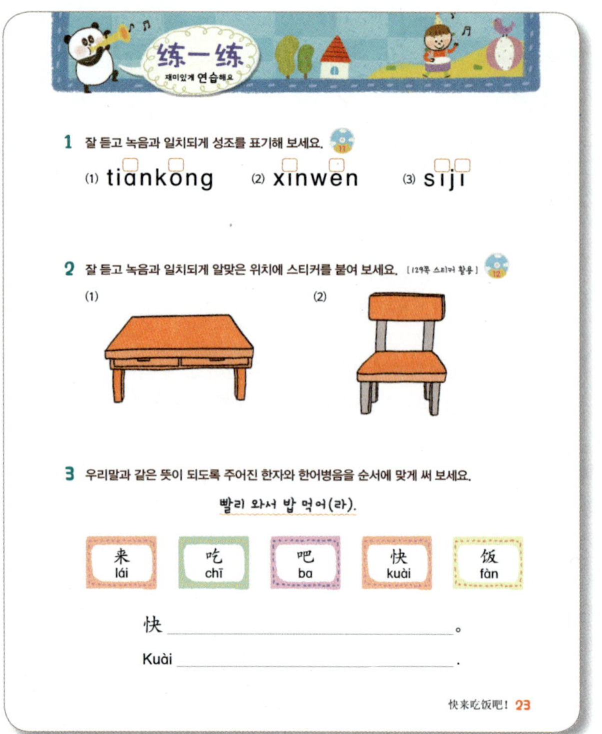
练一练
재미있게 연습해요

1 잘 듣고 녹음과 일치되게 성조를 표기해 보세요.

(1) tiankong (2) xinwen (3) siji

2 잘 듣고 녹음과 일치되게 알맞은 위치에 스티커를 붙여 보세요. [129쪽 스티커 활용]

(1) (2)

3 우리말과 같은 뜻이 되도록 주어진 한자와 한어병음을 순서에 맞게 써 보세요.

빨리 와서 밥 먹어(라).

| 来 lái | 吃 chī | 吧 ba | 快 kuài | 饭 fàn |
|---|---|---|---|---|

快 ______________________________。

Kuài ______________________________.

快来吃饭吧! 23

## 练一练 재미있게 연습해요

### 1. 녹음 듣고 성조 표기하기

① 녹음을 들려준 후, 문제를 풀게 한다.

② 정답을 확인하고, 문제 풀이를 한다.

③ 녹음을 다시 한 번 듣고 따라 읽게 한다.

**녹음대본**

(1) tiānkōng 天空 하늘 (2) xīnwén 新闻 뉴스

(3) sījī 司机 운전사

**[정답]** (1) — — (2) — ˊ (3) — —

◆ 연습 문제를 풀면서 성조를 표기하는 위치에 대해서 간단히 정리한다. 'tiānkōng'은 'ian'의 'a'가 불규칙 발음이고, 'xīnwén'의 'wén'은 'uen'을 표기한 것이고, 'sījī'는 'i'의 두 가지 발음을 한 번에 구분할 수 있는 예문으로 제시하였다.

**지도 tip**

듣기 문제의 경우, 그림이나 보기가 주어졌다면 문제를 풀기 전에 다시 한 번 복습을 하고, 어떤 내용이 나올지 함께 이야기를 나눈다. 이러한 과정은 학생의 학습 부담감을 낮출 수 있다. 녹음대본의 내용을 포함한 추가 예문을 제시하고, 어떤 문제가 나올지 연습해 볼 수도 있다.

### 2. 녹음 내용과 일치하는 스티커 붙이기

① 녹음을 잘 듣고 내용과 일치하는 스티커를 붙여 보게 한다.

② 붙인 스티커를 보고 큰 소리로 읽어 보게 한다.

**[정답]** (1)

(2)

### 3. 우리말 해석을 보고 단어 배열하여 문장 만들기

① 주어진 우리말을 보고 단어를 순서대로 배열하여 문장을 구성하도록 한다.

② 정답을 확인하고, 문제 풀이를 한다.

**녹음대본**

(1) Shūbāo zài zhuōzi shang. 书包在桌子上。
책가방은 책상 위에 있어요.

(2) Shǒujī zài yǐzi xia. 手机在椅子下。
휴대전화는 의자 아래에 있어요.

**[정답]** 来 / 吃 / 饭 / 吧 lái / chī / fàn / ba

◆ 어린이 학습자의 경우 단어를 순서대로 배열하는 문제가 어려울 수 있으므로 글자 하나 하나를 순서대로 고르며 글자 아래 숫자를 써서 헷갈리지 않도록 돕는다.

**지도 tip**

문장의 어순을 확인하는 문제의 경우, 우선 우리말로 제시된 문장을 중국어로 말할 수 있는지 확인한다. 제시된 단어의 의미도 꼼꼼하게 확인한다. 단어 아래에 제시된 한어병음은 난이도를 낮추기 위해 제공하였으나, 교사가 학생의 수준에 따라 한어병음 없이 한자만 제시할 수도 있다.
반드시 학생 스스로 단어를 배열해 보게 한다. 문장을 만들기 위해 사용한 단어는 보기 상자 안에 표시해서 사용한 단어가 무엇인지 학생들이 혼동하지 않도록 할 수 있다.

교재의 연습 문제를 학습한 후, 워크북 문제를 함께 풀어 볼 수 있다. 워크북을 푸는 과정을 통해 학생들에게는 학습한 내용을 한 번 더 확인하는 기회를 제공하고, 교사는 학생들의 이해 정도를 파악하여 필요한 지도를 보충하거나 다음 수업의 난이도를 조정할 수 있다. 워크북의 모든 문제를 풀어 볼 수도 있지만, 필요에 따라 교사가 취사선택하여 풀어 볼 수도 있다.

## 마무리하기

### 1. 학습 내용 정리

① 学一学에서 학습한 내용을 정확히 이해했는지 확인한다.

② 연습 문제에서 학생들이 자주 오류를 범하는 내용에 대해 다시 한 번 정리한다.

### 2. 과제 부여

이번 시간에 학습한 내용을 자연스럽게 표현할 수 있도록 연습해 오게 한다.

4차시 24~25쪽

**학습 목표**

- 방향을 나타내는 표현을 익히고 사물의 위치를 말할 수 있다.
- 노래를 통해 학습 내용을 숙지하여 중국어 표현 능력을 향상시킬 수 있다.

**수업 준비물**

교재, 멀티 CD

## 들어가기

**1. 지난 시간 복습**

① 과제를 확인한다.

② 学一学에서 다룬 표현을 함께 읽어 보거나 간단한 질문을 통해 복습한다.

**2. 새로 배울 내용 소개**

① 학습 목표를 소개한다.

② 주제와 관련된 내용을 소개한다.

교실에 있는 물건의 위치를 우리말로 묻고 답하게 한다. 본문에서 학습한 '위, 아래'라는 표현 외에 '오른쪽, 왼쪽, 앞, 뒤' 등 다양한 방향 표현을 학습할 것임을 알려 준다.

## 펼치기

### 高一高 실력을 쑥쑥 키워요

**• 방향을 나타내는 표현 알아보기**

① 그림을 보고 사물의 방향을 우리말로 말해 보게 한다.

② 방향을 나타내는 단어를 하나씩 발음해 본다.

◆ 모든 단어에 공통적으로 들어간 단어가 무엇인지 물어본다. 공통적으로 'bian'이라는 글자가 있는데 무슨 뜻인지 맞혀 보게 할 수도 있다.

**지도 tip**

'bian'은 '쪽, 가, 변두리'라는 의미로, 방향을 나타내는 표현 뒤에 사용되며 경성으로 읽는다는 것을 알려 준다.

③ 방향을 나타내는 표현을 충분히 연습하기 위해, 교사가 중국어로 방향을 말하면 학생들이 손가락으로 방향을 표시하도록 한다. 충분한 연습이 이루어지면 교사의 지시에 따라 알맞은 중국어로 말해 보도록 한다.

④ 특정 사물을 선택하여 위치를 옮겨 가며 배운 내용을 다시 한 번 연습해 본다.

**지도 tip**

교재 高一高에 있는 삽화를 활용해서 교구를 만들어 학생들의 이해를 도울 수 있다. 교구 제작은 학급 인원을 감안하여 출력 사이즈를 조정한 후 활용한다. 그림을 코팅한 후 셀로판테이프로 교재의 캐릭터를 붙였다 떼었다 하면서 수업에서 활용할 수 있다. 융천과 벨크로 테이프를 활용하여 제작할 수도 있다.
융천과 펠트의 질감이 다르기 때문에, 벨크로 테이프를 사용하는 교구의 제작은 접착 펠트보다는 접착 융천을 사용하는 것을 권한다.

(교구 자료는 http://cafe.naver.com/funchinese/8098에서 제공)

**지도 tip**

방향사를 지도할 때는 학습자에게 실제적인 학습이 될 수 있도록 주변의 사물을 활용하여 이해를 돕는 방식으로 수업을 진행한다.
일반적인 교실 상황에서는 교사가 보는 방향과 학생이 보는 방향이 반대이므로 연습 초기에는 교사가 학생들과 같은 방향에서 연습을 진행하는 것이 좋다. 수업에서 교사와 학생이 서로 마주보는 경우, 교사의 모든 수신호는 학생이 보는 방향을 고려하여 반대로 한다.
교사가 수업 전에 정보 차(information gap) 활동지를 준비하고, 교사의 지도에 따라 교실 내 친구들의 위치나 친구 물건의 위치를 묻고 답하는 활동을 하거나, 활동지에 적절한 방향사를 쓰는 활동을 진행할 수 있다.

## 玩一玩 신나게 놀아 봐요

- 노래로 배워요: 쓱쓱 싹싹 이 닦자!

본 과의 학습 내용으로 구성된 노래를 연습하면서 학습한 표현이 익숙해지도록 한다. 노래를 통한 연습에서 중국어 성조는 무시되므로 각자 노래를 부르기 전에 정확한 발음으로 문장을 읽어 보게 하고, 성조를 제외한 성모와 운모의 결합 발음에 주의하면서 부르도록 지도한다.

① 새 단어 '刷牙 shuāyá'를 큰 소리로 읽고 '이를 닦다'라는 의미라는 것을 알려 준다.

② 가사를 큰 소리로 읽으면서 성조로 인한 중국어 자체의 리듬감을 느껴 보게 한다.

③ 음악에 맞춰 노래를 따라 불러 보고, 익숙해지면 가사를 바꾸어 노래를 부를 수도 있다. 예를 들어, '刷牙' 대신 '洗手'를 넣을 수도 있다.

### 지도 tip

노래의 제목과 하단의 가사를 참고하여 '이를 닦다'라는 중국어 표현이 무엇인지 직접 찾아보도록 한다. '刷牙' 표현이 나올 때마다 정해진 동작을 하여 재미 요소를 더할 수 있다.

또한 '起床, 吃饭, 睡觉' 등의 가사 부분에서 해당 표현에 어울리는 동작을 더하여 중국어 표현에 대한 이해력을 높일 수 있다.

방향사 '上, 下, 左, 右'를 자연스럽게 익힐 수 있도록 가사의 순서대로 이를 닦는 동작을 흉내 낸다.

### 지도 tip

율동은 교사가 직접 만들 수도 있지만 학생들과 함께 동작을 만들어 보고 수업 시간에 실제로 활용하는 것이 좋다. 학생들의 참여도와 수업 개입 정도를 높일수록 수업 만족도는 높아지고 중국어 학습에 대해 긍정적인 태도를 갖게 된다.

특정 단어에 대한 집중력을 높이기 위해 특정 단어에만 박수 치기, 특정 단어만 말하지 않기, 돌림노래 부르기, 특정 단어만 말하고 나머지 다른 가사는 부르지 않기 등 다양한 연습 방법을 활용한다. 학생들이 지루하지 않도록 연습 방법을 바꾸는 의도가 있으나, 궁극적인 목적은 충분한 연습을 하기 위한 것이다.

모둠별 활동이 가능하다면 소규모 모둠별 발표 형식으로 진행할 수 있다. 진행에 앞서 평가 기준을 명확하게 제시하는 것이 바람직하다. 교사는 평가할 때 중국어 실력보다는 모든 조원이 최선을 다해 참여했는지 여부를 기준으로 삼을 것이라는 것을 밝혀 학생들이 적극적으로 임할 수 있도록 한다. 단, 주의해야 할 표현을 지정하여 정확하게 발음해야 한다는 것도 함께 고려할 수 있도록 한다.

### 보충

#### 4방위

제1과와 관련된 방위에 대한 문화 상식을 다룰 수 있다. 활동지를 활용하여 '4방위'에 대해 익혀 본다. '동-서-남-북-중앙'을 순서대로 표현하면 색으로는 '청색-백색-검은색-붉은색-황색'이며, 계절은 '봄-가을-여름-겨울-사계'이며, 오행은 '나무(木)-금(金)-불(火)-물(水)-흙(土)'이다. 상징하는 상상의 동물은 '청룡-백호-주작-현무'이며, 중앙은 황제를 의미한다. 우리는 '좌청룡, 우백호' 라는 표현에 익숙한데, 이는 황제가 앉은 자리가 기준이다. 우리가 황제와 마주보고 있다고 생각하면 보는 위치는 반대이므로, 우리가 볼 때, 청룡은 오른쪽에 위치하고, 백호는 왼쪽에 위치한다.

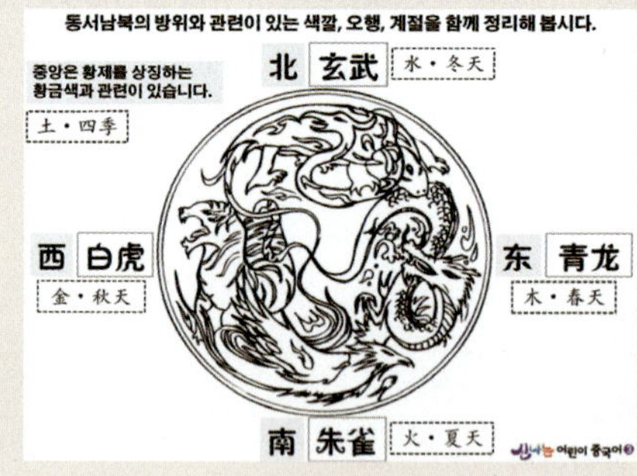


(활동지는 http://cafe.naver.com/funchinese/7442에서 제공)

## 마무리하기

1. 학습 내용 정리

① 학습한 표현을 우리말로 제시하고 이를 중국어로 말해 보게 한다.

② 상황이나 사물의 위치를 나타내는 사진을 제시하고 중국어로 말하게 한다.

2. 과제 부여

특정 사물의 위치를 중국어로 말해 보거나 본문에서 학습한 문장을 실생활에서 활용해 보도록 독려한다.

교사는 학생들이 부담되지 않는 선에서 적절한 과제를 부여함으로써 학습 내용을 복습할 수 있도록 한다.

# 2 你在做什么呢? 너 지금 뭐하고 있어?

## 단원 소개 및 학습 내용

숫자 1을 나타내는 중국어 표현에 대해 알아보고, 이와 관련된 문화를 살펴본다. 진행형 표현과 상대방의 전화번호를 묻고 답하는 표현을 연습한다.

## 단원 학습 목표

1. 제1성+제3성, 제1성+제4성으로 이루어진 단어를 정확하게 읽을 수 있다.
2. 진행형 표현을 할 수 있다.
3. 전화번호를 묻고 답할 수 있다.

## 단원 지도 계획

| 차시 | 교재 범위 | 학습 단계 | 학습 내용 |
|---|---|---|---|
| 1 | 26~29쪽 | 문화 | 변화무쌍 중국의 숫자 1 |
| | | 발음 | 제1성+제3성, 제1성+제4성으로 이루어진 단어 |
| | | 새 단어 | 본문 새 단어 학습<br>쓰기 연습 (喂, 事儿) |
| 2 | 30~31쪽 | 회화 | 진행형으로 동작 표현하기<br>전화번호 묻고 답하기 |
| 3 | 32~33쪽 | 교체 연습 | '在……呢'를 활용한 진행형 표현하기<br>상대방의 전화번호를 묻고 답하는 표현하기 |
| | | 연습 문제 | 발음 및 본문 내용 관련 문제 풀기 |
| 4 | 34~35쪽 | 확장 연습 | 지역 번호를 통해 숫자 읽는 법 익히기 |
| | | 활동 | 친구에게 전화를 걸어요! |

### 학습 목표

- 중국에서 숫자 1의 두 가지 표현을 알고 활용할 수 있다.
- 제1성＋제3성, 제1성＋제4성으로 이루어진 단어를 정확하게 발음할 수 있다.
- 새 단어의 발음과 뜻을 익히고, 획순에 맞게 쓸 수 있다.

### 수업 준비물

교재, 멀티 CD, 단어 카드

## 들어가기

**1. 지난 시간 복습**

① 과제를 확인한다.

② 본문을 함께 큰 소리로 읽어 보고, 학습한 표현을 활용하여 교실에 있는 특정 물건의 위치를 말해 보며 지난 차시에 배운 내용을 학습한다.

**2. 새로 배울 내용 소개**

① 그림과 문화 내용을 살펴보면서 이번 단원에서 배울 내용이 무엇인지 유추해 보게 한다.

◆ 숫자가 의인화된 그림을 살펴보며 중국어 숫자 표현을 상기시키고 그림에 표현된 내용을 통해 두 가지 발음을 갖고 있는 숫자 1에 대해 호기심을 가질 수 있도록 한다.

② 새로운 내용을 학습하기에 앞서 가볍게 발음 연습을 하고, 본문 학습 이전에 새 단어를 익혀 보는 시간임을 알려 준다.

## 펼치기

- **문화 소개: 변화무쌍 중국의 숫자 1**

① 숫자 1이 포함된 다양한 사진 자료를 보여 주며 중국어로 읽어 주고, '一'가 다르게 발음된다는 것을 학생들이 스스로 찾아낼 수 있도록 유도한다.

② 본문의 내용을 함께 읽어 보며, 숫자 1의 또 다른 발음인 'yāo'를 익히고, 버스 번호 · 전화번호 · 방 번호 등을 읽을 때 숫자 1을 'yāo'로 발음한다는 것을 다시 한 번 정리한다.

③ 교사는 숫자 'yāo'를 활용하는 상황을 사진 자료나 PPT 자료로 제시하여 학생들이 말하기 연습을 할 수 있도록 한 후, 자기 집 전화번호나 휴대전화 번호, 자주 타는 버스 번호를 중국어로 말해 보게 한다.

④ 이번 과에서 배우는 내용과 연관이 있음을 언급하고 수업을 시작한다.

**보충**

### 숫자 '一'를 대신하는 '幺'

'一'와 '七'가 혼동되는 것을 피하기 위해 '一' 대신 '幺 yāo'를 사용한다고 알고 있지만 '幺'는 원래 군대에서 사용하기 시작했다. 중화인민공화국 건국 초기에 각지에서 온 병사들로 구성된 군대에서 방언 중 특히 '1과 7', '6과 9'의 발음을 자주 혼동했다고 한다. 군사 통신은 명확한 의사소통이 중요하기 때문에 숫자 0부터 9까지를 洞(0)、幺(1)、两(2)、三(3)、四(4)、五(5)、六(6)、拐(7)、八(8)、勾(9)로 부르게 되었다. 이러한 방법은 포격이 오가는 시끄러운 상황에서 방언으로 생기는 오해를 최대한 줄이고 숫자를 쉽게 식별하려는 의도에서 시작되었다.

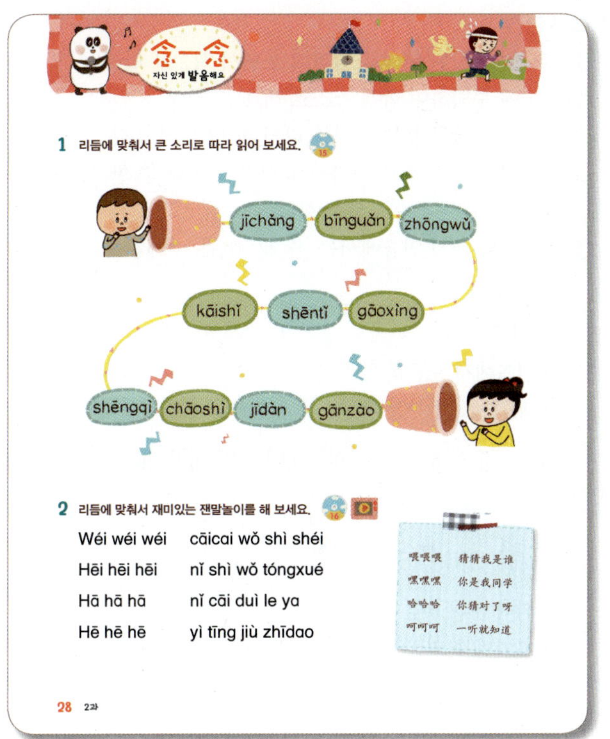
念一念 자신 있게 발음해요

1 리듬에 맞춰서 큰 소리로 따라 읽어 보세요.

jīchǎng bīnguǎn zhōngwǔ

kāishǐ shēntǐ gāoxìng

shēngqì chāoshì jīdàn gānzào

2 리듬에 맞춰서 재미있는 잰말놀이를 해 보세요.

Wéi wéi wéi cāicai wǒ shì shéi

Hēi hēi hēi nǐ shì wǒ tóngxué

Hā hā hā nǐ cāi duì le ya

Hē hē hē yì tīng jiù zhīdao

喂喂喂 猜猜我是谁
嘿嘿嘿 你是我同学
哈哈哈 你猜对了呀
呵呵呵 一听就知道

28 2과

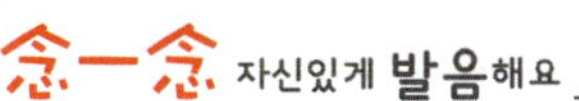

자신있게 발음해요

### 1. 발음 연습

① 녹음을 들려주고 따라 읽게 한다.

机场 宾馆 中午

开始 身体 高兴

生气 超市 鸡蛋 干燥

② 제1성, 제3성, 제4성의 특징을 다시 한 번 확인한 후, 보다 정확하게 발음할 수 있도록 한다.

③ 각 성조를 연습한 후, 제1성과 제3성, 제1성과 제4성이 결합된 발음을 연습한다.

**지도 tip**

제2과의 念一念에 해당하는 단어 카드 활동지를 활용하여 발음을 연습한다.

또한 성조 표기 연습 활동지로 학습자의 성조 파악 정도를 확인할 수 있다. 활동지는 학습자의 수준과 수업의 진도에 따라 적절하게 선택하여 사용하고, 사용법은 게시글을 참고한다.

(활동지는 http://cafe.naver.com/funchinese/7442에서 제공)

**보충**

**제1성+제3성, 제1성+제4성 단어 및 표현**

『신나는 어린이 중국어 ①』, 『신나는 어린이 중국어 ②』의 발음 연습 및 연습 문제를 포함하여 전체적으로 노출된 제1성+제3성, 제1성+제4성 단어 및 표현이다.

**· 제1성+제3성**

黑板 | 铅笔 | 八点

**· 제1성+제4성**

安娜 | 吃饭 | 多大 | 生日 | 音乐 | 灰色 | 黑色 | 书店 | 医院

### 2. 잰말놀이

제2과 본문의 상황과 연결되도록 전화 통화 상황을 잰말놀이 내용으로 제시하였다. 잰말놀이는 본격적인 본문 학습에 앞서 중국어 말하기에 대한 부담을 줄이기 위한 것이므로 즐거운 분위기에서 연습하는 것이 중요하다.

잰말놀이가 유의미한 발음으로 구성되었음을 드러내기 위해 우측에 한자를 제시하였으나, 학습으로 연결시킬 필요는 없다. 그러나 자주 사용하는 단어의 익히거나 문장 단위로 설명하는 것은 학습자의 흥미와 이해도 수준에 따라 융통성 있게 진행한다.

① 리듬에 맞춰 가볍게 따라 읽게 한다.

② 리듬 노래를 통해서 자연스럽게 발음을 연습하고 전체적인 의미도 파악해 본다.

喂喂喂 猜猜我是谁
Wéi wéi wéi cāicāi wǒ shì shéi
여보세요 내가 누구게

嘿嘿嘿 你是我同学
Hēi hēi hēi nǐ shì wǒ tóngxué
헤헤헤 너 내 친구잖아

哈哈哈 你猜对了呀
Hā hā hā nǐ cāi duì le ya
하하하 네가 맞혔네

呵呵呵 一听就知道
Hē hē hē yì tīng jiù zhīdao
허허허 들으면 바로 알지

③ 연습 정도에 따라 속도를 조절하여 능숙하게 발음할 수 있도록 지도한다.

**보충**

**撕字纸** sī zìzhǐ

**隔着窗户撕字纸** Gézhe chuānghu sī zìzhǐ
창문을 사이에 두고 파지를 찢어요.

**一次撕下横字纸**
Yí cì sī xià héng zìzhǐ
한 번은 가로로 찢고

**一次撕下竖字纸**
Yí cì sī xià shù zìzhǐ
한 번은 세로로 찢어요

**是字纸 撕字纸**
Shì zìzhǐ sī zìzhǐ
파지는 찢고

**不是字纸**
Búshì zìzhǐ
파지가 아니면

**不要胡乱撕一地纸** Búyào húluàn sī yí dì zhǐ
함부로 찢으면 안 돼요.

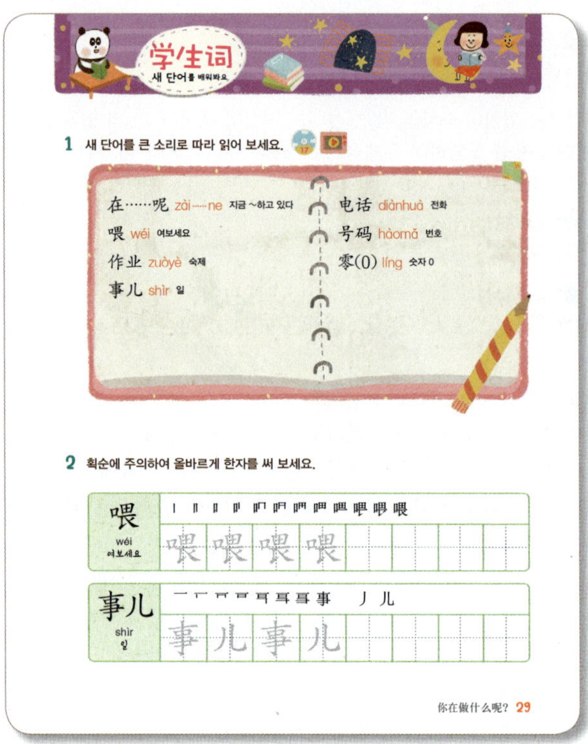

学生词 새 단어를 배워봐요

1 새 단어를 큰 소리로 따라 읽어 보세요.

在……呢 zài……ne 지금 ~하고 있다
喂 wéi 여보세요
作业 zuòyè 숙제
事儿 shìr 일
电话 diànhuà 전화
号码 hàomǎ 번호
零(0) líng 숫자 0

2 획순에 주의하여 올바르게 한자를 써 보세요.

| 喂 wéi 여보세요 | 喂 喂 喂 喂 |
|---|---|
| 事儿 shìr 일 | 丿 儿<br>事 儿 事 儿 |

你在做什么呢? 29

## 学生词 새 단어를 배워봐요

### 1. 어휘 학습

① 녹음을 듣고 큰 소리로 따라 읽게 한다.

② 단어의 의미와 주의해야 할 발음을 설명한다.

**在……呢** zài……ne 지금 ~하고 있다
'正在……呢'는 진행형을 나타내는 구문이며, 제2과에서는 '正'을 생략한 진행형 구문을 제시하고 있다. 뒤의 '呢'는 생략이 가능하다.

**喂** wéi 여보세요
'喂'는 원래 '어이, 야, 이봐' 등과 같이 일상생활에서 편하게 누군가를 부르는 소리로, 제4성으로 발음한다. 단, 전화를 받을 때 '여보세요'라는 의미로 사용될 때는 제2성으로 발음한다.

**作业** zuòyè 숙제
동사는 '~하다'라는 의미의 '做 zuò'를 쓸 수 있다. 아직 학습하지 않았으나 고학년에게는 동사 '写 xiě(쓰다)'와도 함께 쓸 수 있음을 추가적으로 설명할 수 있다.

**事儿** shìr 일
'事'만 단독으로도 사용하지만, 쉽고 부드럽게 발음하기 위해서 '事' 뒤에 '儿'을 붙여 '儿화'로 발음하는 경우가 많다.

**电话** diànhuà 전화

**号码** hàomǎ 번호

**零(0)** líng 숫자 0

③ 녹음을 다시 듣고 따라 읽게 한다.

### 2. 쓰기 연습

① 교사는 제시된 단어를 칠판에 쓰면서 획순을 알려 준다.

② 획순에 주의하여 학생 스스로 써 보도록 한다.

③ 학생들이 잘못 쓰는 글자를 다시 한 번 짚어 준다.

④ 학생이 칠판 앞으로 나와서 교사가 지정해 준 한자를 필순에 맞게 써 보고 발음해 보도록 한다.

⑤ 워크북의 쓰기 연습에서는 '作业, 电话, 号码'를 연습한다.

**喂** 부수 口 총 12획

• 왼쪽에서 오른쪽으로 쓴다.
• '喂'는 소리 부분(畏)과 뜻 부분(口)이 결합된 형성자이다.

**事** 부수 亅 총 8획

• 위에서 아래로 쓴다.
• 마지막 획의 끝부분은 갈고리처럼 올려 쓴다.

**儿** 부수 儿 총 2획

• 왼쪽에서 오른쪽으로 쓴다.
• 마지막 획의 끝부분은 갈고리처럼 올려 쓴다.

丿 儿

## 마무리하기

### 1. 학습 내용 정리

수업 내용에 관한 질문을 통해 학생들의 이해도를 점검한다. 학생들이 특히 어려워하는 부분이 어디인지 확인하고, 다시 한 번 짚고 넘어간다.

### 2. 과제 부여

① 본서 28쪽의 '발음 연습'과 '잰말놀이'를 큰 소리로 읽는 연습을 해 오도록 한다.

② 학습한 단어의 뜻과 한어병음이 익숙해질 수 있도록 멀티 CD(TRACK 17)를 반복해서 듣고 오게 한다.

2차시 30~31쪽

**학습 목표**

- 진행형 표현을 말할 수 있다.
- 전화번호를 묻고 답할 수 있다.

**수업 준비물**

교재, 멀티 CD

## 들어가기

**1. 지난 시간 복습**

① 과제를 확인한다.

② 그림 자료나 PPT 등의 시각 자료를 활용하여 지난 차시에 다룬 문화 관련 내용을 확인한다.

**2. 새로 배울 내용 소개**

① 학습 목표를 소개한다.

② 본문의 그림을 보고 어떤 상황인지 유추해 보도록 한다.

## 펼치기

### 一起说 친구들과 대화해요

**1. 단어 확인하기**

① 단어 카드를 활용하여 지난 시간에 학습한 단어를 읽어 보게 한다. 멀티 CD의 단어 플래시를 활용하여 단어를 복습할 수도 있다.

② 교사가 중국어로 단어를 제시하면 학생들은 우리말로 그 단어의 뜻을 말한다.

③ 학생들이 단어의 뜻을 정확하게 이해했다면, 교사는 학생들에게 우리말로 단어를 제시하고 중국어로 대답해 보게 한다.

**지도 tip**

교사용 낱글자 단어 카드와 교사용 지도서 뒤에 있는 새 단어 카드를 활용하여 단어 학습을 할 수 있다.
(교사용 낱글자 단어 카드는 http://cafe.naver.com/funchinese/5315 에서 제공)

**2. 녹음 듣고 문장 연습하기**

① 녹음을 들려주고 따라 읽게 한다.

② 문장 단위로 따라 읽게 하고 해석한다.

**본문 해석**

| | |
|---|---|
| 惠敏 | 喂，丽丽。你在做什么呢?<br>여보세요. 리리야. 너 지금 뭐하고 있어? |
| 丽丽 | 我在做作业呢。有事儿吗?<br>나는 지금 숙제를 하고 있어. 무슨 일 있니? |
| 惠敏 | 东海的电话号码是多少?<br>동해의 전화번호는 몇 번이야? |
| 丽丽 | 010-1234-5678。<br>010-1234-5678 이야. |
| 惠敏 | 谢谢。<br>고마워. |

**지도 tip**

전화번호는 '多少'를 활용하여 물어본다는 것을 강조한다. 전화번호를 묻는 문장 전체를 기억할 수 있도록 충분히 반복 연습을 한다.
만약 '전화번호는 몇 번이야?'를 중국어로 바로 바꿔서 '你的电话号码是什么?'라고 하면 안 되는지 질문하는 학생이 있는 경우, 중국인의 언어 습관 중 큰 수를 물을 때는 '多少'를 활용한다는 정도로만 설명한다.
실제로 '什么'를 활용하여 '你的电话号码是什么?'라고 물으면 어느 통신사를 사용하는지 묻는 의미가 된다. 그래서 '中国联通 Zhōngguó liántōng(차이나유니콤)', '中国电信 Zhōngguó diànxìn(차이나텔레콤)', '中国移动 Zhōngguó yídòng(차이나모바일)' 등의 대답을 예상하게 된다.

③ 교재의 문장을 정확한 발음으로 읽어 보도록 한다.
④ 두 사람씩 짝을 지어 대화문을 연습해 보게 한다. 역할을 바꾸어 가면서 연습하도록 지도하여 반복적인 연습이 지루해지지 않도록 주의한다.
⑤ 간체자만 보고 본문을 읽는 연습을 한다.

**3. 문장 듣고 해석하기**

교사가 읽어 주는 내용을 듣고 우리말로 해석하게 한다.

**4. 해석 듣고 중국어 문장으로 말하기**

① 실제 대화하는 것처럼 자연스럽게 말하도록 지도한다.

**지도 tip**

실제적인 연습이 될 수 있도록 모형 전화기를 준비하거나 손으로 전화기 모양을 만들어서 걸려온 전화를 받는 시늉을 하는 등 자연스러운 말하기 연습이 진행될 수 있도록 한다.

**지도 tip**

A4 용지에 전화번호가 적힌 삼각 종이 명패를 만들어 자기 자리 앞에 놓고 전화번호 묻고 답하기 활동을 진행할 수 있다. 이 활동을 진행할 때 책상 배치는 원형이나 'ㄷ'자 형태로 서로를 바라보고 앉을 수 있는 환경이 좋다.
자기 자리 앞에 전화번호 삼각 종이 명패를 놓아둔 상태에서 활동을 진행한다. 말하는 학생과 듣는 학생 모두 한자 또는 숫자로 자기가 말하거나 들은 내용을 써서 확인하며 활동에 참여할 수 있다.
바닥이 되는 부분을 가로 방향으로 반 접으면 납작하게 접히므로 간편하게 교재에 끼워둘 수 있다.

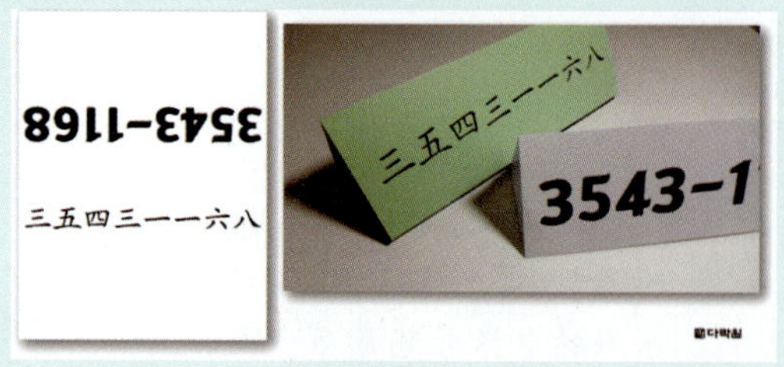


② 짝과 함께 회화 내용을 연습하고, 역할을 바꾸어 반복 연습하도록 지도한다.

**지도 tip**

'我在做作业呢。' 구문에 여러 동사(구) 표현을 치환하여 다양한 말하기 연습을 진행한다. 익숙한 내용을 활용하여 새로운 학습 내용을 연습하는 것은 좋은 방법이다. 다음은 『신나는 어린이 중국어 ①』부터 『신나는 어린이 중국어 ③』 제1과까지 노출된 동사(구) 표현이다.

- **『신나는 어린이 중국어 ①』**
听音乐 | 唱歌 | 画画儿 | 看电影 | 学汉语
- **『신나는 어린이 중국어 ②』**
做剪纸 | 玩儿 | 回家 | 去(书店/图书馆) | 喝(牛奶/果汁/茶/水) | 吃(包子/水果/面包/糖葫芦) | 开车 | 骑(自行车/摩托车/马) | 游泳 | 做饭
- **『신나는 어린이 중국어 ③』**
吃饭 | 睡觉 | 洗手 | 起床 | 刷牙

동작으로 표현할 수 있는 경우, 동사와 연관있는 동작을 함께 하면서 문장의 의미를 구체적으로 전달할 수 있다.
본문 내용을 바꿔서 말해 보는 연습은 우선 본문의 내용을 충분히 연습하고 이해한 다음에 시도한다.

**지도 tip**

중국어 숫자를 활용하는 연습이나 활동을 진행하기에 앞서 0부터 9까지의 기본 숫자 세기를 연습할 시간을 부여한다. 중국어 숫자는 간단하면서도 모든 성조를 연습할 수 있는 좋은 학습 내용이다. 말하는 속도를 조절하여 적절한 긴장감과 학습자의 집중력을 높이고 수업의 분위기를 활기차게 조성할 수 있으며, 손으로 숫자를 함께 표현해 보는 등의 방법으로 난이도를 높여 연습을 진행할 수도 있다. 『신나는 어린이 중국어 ①』 제5과 64쪽을 참고한다.

## 마무리하기

**1. 학습 내용 정리**

학습 내용을 다시 한번 확인한다. 멀티 CD 회화 애니메이션의 자막을 변경해 가며 회화 내용을 확실히 익혔는지 확인해 볼 수 있다.

**2. 과제 부여**

① 본문을 세 번씩 큰 소리로 읽어 오게 한다.
② 이번 차시에 학습한 문장을 암기하고, 자유롭게 다양한 상황을 설정하여 말하기 연습을 해 오게 한다.

3차시 32~33쪽

学一学 차근차근 익혀봐요

'在……呢'는 '지금 ~하고 있다'는 뜻으로, 어떤 동작이 현재 진행되고 있음을 표현할 때 사용해요.

我在做作业呢。
Wǒ zài zuò zuòyè ne.
나는 지금 숙제를 하고 있어.

休息 xiūxi 쉬다
买东西 mǎi dōngxi 물건을 사다
看电视 kàn diànshì 텔레비전을 보다

전화번호는 '多少'를 사용해서 물어봅니다. 아래에 제시된 친구들의 전화번호를 묻고 답해 보세요.

东海的电话号码是多少?
Dōnghǎi de diànhuà hàomǎ shì duōshao?
동해의 전화번호는 몇 번이니?



丽丽 Lìli
胖胖 Pàngpang

32 2과

**학습 목표**

- '在……呢'를 활용하여 진행형 표현을 할 수 있다.
- 상대방의 전화번호를 묻고 답할 수 있다.

**수업 준비물**

교재, 음성 자료

## 들어가기

**1. 지난 시간 복습**

① 과제를 확인한다.

② 지난 차시 학습 내용을 확인한다.

본문 내용을 짚어 보며 문답식으로 확인하거나, 상황에 맞는 그림 또는 PPT 자료를 활용하여 확인한다.

**2. 새로 배울 내용 소개**

① 학습 목표를 소개한다.

② 주제와 관련된 내용을 소개한다.

## 펼치기

### 学一学 차근차근 익혀봐요

**1 '在……呢'를 활용한 진행형 표현**

① 녹음을 듣고 정확한 발음으로 따라 읽도록 지도한다.

② 새 단어의 의미를 확인하고 문장으로 연습해 본다.

③ 충분한 연습을 통해 제시된 문장을 자연스럽게 표현할 수 있도록 한다.

> 我在做作业呢。 나는 지금 숙제를 하고 있어.
>
> 밑줄 친 부분을 바꿔서 말해 봐요!
>
> 我在休息呢。 나는 지금 쉬고 있어.
>
> 我在买东西呢。 나는 지금 물건을 사고 있어.
>
> 我在看电视呢。 나는 지금 텔레비전을 보고 있어.

◆ 현재 진행형 문장은 '在……呢' 외에도 '正在……呢'로 표현할 수 있고, 이때 어기조사 '呢'는 생략 가능하다.

**지도 tip**

활동지를 활용하여 전화번호 묻고 답하기와 진행형 표현을 함께 연습할 수 있다. 활동지에는 『신나는 어린이 중국어 ①』과 『신나는 어린이 중국어 ②』의 학습 내용이 포함되어 있다.

교사가 활동을 진행할 때 가장 주의해야 하는 부분은 활동이 진행되는 동안 직접 참여하지 않고 기다리는 학생들에게 부여할 과제이다. 대화 연습을 진행하는 학생 이외의 학습자의 참여를 고려하여 만든 활동지를 활용하여 연습을 진행해 본다.

(활동지는 http://cafe.naver.com/funchinese/8100에서 제공)

**2. 전화번호 묻고 답하기**

① 녹음을 듣고 정확한 발음으로 따라 읽도록 지도한다.

② 새 단어의 의미를 확인하고 문장으로 연습해 본다.

③ 충분한 연습을 통해 제시된 문장을 자연스럽게 표현할 수 있도록 한다.

> 东海的电话号码是多少? 동해의 전화번호는 몇 번이니?
>
> 밑줄 친 부분을 바꿔서 말해 봐요!
>
> 丽丽的电话号码是多少? 리리의 전화번호는 몇 번이니?
>
> 胖胖的电话号码是多少? 팡팡이의 전화번호는 몇 번이니?

◆ 전화번호를 물을 뿐만 아니라 정확한 성조로 숫자를 발음하여 대답하는 연습도 해 보도록 한다.

예 016-5438。 Líng yāo liù wǔ sì sān bā.
018-4321。 Líng yāo bā sì sān èr yāo.

练一练 재미있게 연습해요

1 잘 듣고 녹음과 일치하는 한어병음에 ○표를 해 보세요.

(1) 出口 chū(kǒu kòu)
(2) 帮助 bāng(zhǔ zhù)
(3) 车站 chē(zhàn zhān)

2 잘 듣고 녹음과 그림이 일치하면 ○표, 일치하지 않으면 ×표를 해 보세요.

(1) 089-233-1410
(2) 079-2138-9546

3 우리말과 같은 뜻이 되도록 한자 스티커를 순서대로 알맞게 붙여 보세요.

나는 지금 책을 보고 있어.

你在做什么呢? 33

## 练一练 재미있게 연습해요

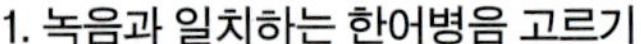

**1. 녹음과 일치하는 한어병음 고르기**

① 녹음을 들려준 후, 문제를 풀게 한다.
② 정답을 확인하고, 문제 풀이를 한다.
③ 녹음을 다시 한 번 듣고 따라 읽게 한다.

**녹음대본**

(1) chūkǒu 出口 출구 (2) bāngzhù 帮助 돕다
(3) chēzhàn 车站 정류장

**[정답]** (1) chūkǒu (2) bāngzhù (3) chēzhàn

**지도 tip**

녹음을 듣고 성조를 정확하게 인식하는지, 성조를 올바르게 선택할 수 있는지 확인한다. 'chūkǒu'를 통해 권설음 발음을 연습할 수 있는데, 녹음을 잘 듣고 정확하게 발음하는 것이 가장 중요하다.
저학년이라면 문자를 통한 정보 인식이 어려우므로 한어병음을 보고 발음을 분별하는 능력이 부족할 수 있다. 하지만 너무 고민하지 말고, 녹음을 듣고 정확하게 따라 발음하는 연습 위주로 지도한다.

**2. 녹음과 그림이 일치하는지 판단하기**

① 녹음을 들려준 후, 문제를 풀게 한다.
② 정답을 확인하고, 문제 풀이를 한다.
③ 녹음을 다시 한 번 듣고 따라 읽게 한다.

**녹음대본**

(1) Huìmǐn de diànhuà hàomǎ shì líng bā liù yāo sān sì yāo sì yāo líng.
惠敏的电话号码是086-134-1410。
혜민이의 전화번호는 086-134-1410이에요.
(2) Dàwèi de diànhuà hàomǎ shì líng qī jiǔ èr yāo sān bā jiǔ wǔ sì liù.
大卫的电话号码是079-2138-9546。
데이빗의 전화번호는 079-2138-9546이에요.

**[정답]** (1) × (2) ○

**지도 tip**

학습자의 이해 수준을 고려하여 중국어로 1~10 숫자 세기, 전화번호를 묻고 답하는 표현 연습하기, 자기 전화번호 말하기 등의 순서대로 다시 한 번 복습한 후 문제를 풀 수 있다.
숫자 표현을 어려워하는 학생이 있다면 듣기 문제를 풀기 전에 그림의 전화번호를 함께 말해 볼 수 있다. 어떤 문장을 들을 것인지 미리 예상할 수 있게 도와줌으로써 듣기에 대한 거부감이나 부담감을 줄여 줄 수 있다.

**3. 한자 스티커를 순서대로 붙여 문장 완성하기**

① 우리말 문장을 읽어 보도록 한다.
② 해당하는 스티커를 찾아 붙여 보게 한다.
③ 스티커를 바르게 붙였는지 확인하고 큰 소리로 읽어 보게 한다.

**[정답]** 我 / 在 / 看 / 书 / 呢

**지도 tip**

우리말 문장을 보고 중국어로 말할 수 있는지, 배운 내용을 기억하는지 확인한다. 스티커를 보기 전에 어떤 단어가 필요한지 이야기해 보고, 스티커를 붙이기 전에, 빈칸에 한자를 쓰고, 스티커를 붙인 후 한자 아래에 해당 한어병음을 써 본다.

교재의 연습 문제를 학습한 후, 워크북 문제를 함께 풀어 볼 수 있다. 워크북을 푸는 과정을 통해 학생들에게는 학습한 내용을 한 번 더 확인하는 기회를 제공하고, 교사는 학생들의 이해 정도를 파악하여 필요한 지도를 보충하거나 다음 수업의 난이도를 조정할 수 있다. 워크북의 모든 문제를 풀어 볼 수도 있지만, 필요에 따라 교사가 취사선택하여 풀어 볼 수도 있다.

## 마무리하기

**1. 학습 내용 정리**

① 学一学에서 학습한 내용을 정확히 이해했는지 확인한다.
② 연습 문제에서 학생들이 자주 오류를 범하는 내용에 대해 다시 한 번 정리한다.

**2. 과제 부여**

이번 시간에 학습한 내용을 자연스럽게 표현할 수 있도록 연습해 오게 한다.

4차시 34~35쪽

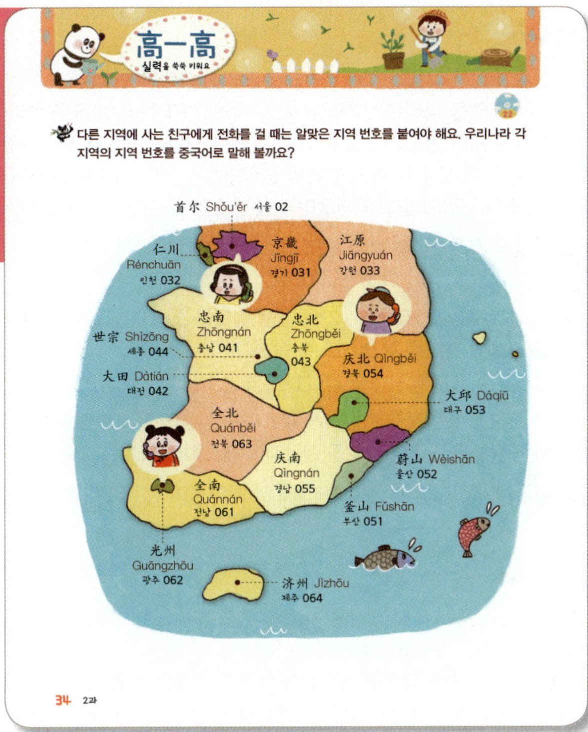


## 학습 목표

- 지역 번호 말하기를 통해 전화번호를 말할 수 있다.
- 게임을 통해 학습 내용을 숙지하여 중국어 표현 능력을 향상시킬 수 있다.

## 수업 준비물

교재, 멀티 CD

## 들어가기

**1. 지난 시간 복습**

① 과제를 확인한다.

② **学一学**에서 다룬 표현을 함께 읽어 보거나 간단한 질문을 통해 복습한다.

**2. 새로 배울 내용 소개**

① 학습 목표를 함께 소개한다.

② 주제와 관련된 내용을 소개한다.
휴대전화가 아닌 유선 전화를 사용해 본 적이 있는지 물어보거나, 다른 지역으로 전화 거는 방법에 대해 알고 있는지 물으면서 이와 관련된 표현을 배울 것임을 알려 준다.

## 펼치기

### 高一高 실력을 쑥쑥 키워요

- **지역 번호 중국어로 표현하기**

① 우리나라 각 지역의 중국어 표현과 지도에 함께 제시되어 있는 번호를 살펴보도록 한다.

② 우리나라 각 지역의 중국어 표현을 하나씩 학습한다.

③ 학습한 표현이 익숙해지면 임의의 전화번호를 중국어로 불러 준 후 우리말로 말해 보도록 하거나, 우리말로 제시한 후 중국어 표현으로 말해 보게 한다.

**보충**

### 지역의 전화번호

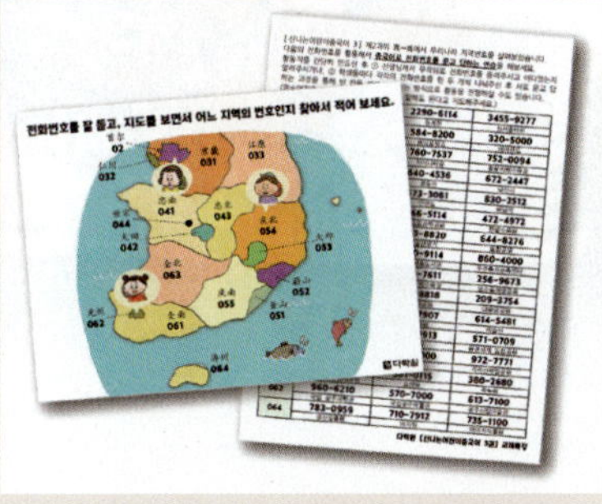

활동지에는 각 지역별 관광명소나 유명한 장소의 실제 전화번호가 정리되어 있다. 전화번호를 듣고 지도에서 해당 지역을 찾아 표시하는 활동은 실제 같은 상황을 제공한다. 학습 내용을 실생활에 활용할 수 있다는 경험을 통해 학생들에게 중국어 학습의 유용성을 느끼게 할 수 있다.
(활동지는 http://cafe.naver.com/funchinese/7442에서 제공)

**보충**

### 인터넷 용어 중 숫자를 활용한 표현

우리나라에서 '8282(빨리빨리), 1004(천사)' 등과 같이 숫자를 활용해서 의미를 전달할 수 있는 것처럼 중국에서도 숫자만으로 다양한 의미를 주고받을 수 있다.
발음이 비슷하거나 성조가 비슷한 숫자를 조합해서 만드는 표현 몇 가지를 예로 들고, 그 의미가 무엇인지 맞혀 보는 활동을 통해 학생들의 호기심과 흥미를 유발할 수 있다.
다음은 자주 사용되는 대표적인 표현들이다.

**520** 我爱你 wǒ ài nǐ 사랑해
**5252** 我饿我饿 wǒ è wǒ è 배고파
**5454** 我是我是 wǒ shì wǒ shì 나야 나
**687** 对不起 duìbuqǐ 미안해
**881** 拜拜唉 báibáiāi 안녕
**8484** 不是不是 bú shì bú shì 아니야
**246** 饿死了 è sǐ le 배고파 죽겠어
**8137** 不要生气 bú yào shēngqì 화내지 마
**1314** 一生一世 yìshēng yìshì 한평생
**514** 无意思 wǔ yìsi 아무 의미 없다
**7456** 气死我了 qì sǐ wǒ le 화나 죽겠네
**995** 救救我 jiù jiù wǒ 구해줘

## 玩一玩 신나게 놀아 봐요

• **친구에게 전화를 걸어요!**

본 과에서 학습한 전화번호 묻고 답하기를 주제로 한 게임을 통해, 주요 표현을 정확하게 말하는 연습을 하며, 중국어 말하기에 대한 흥미와 성취도를 느낄 수 있도록 한다.

① 칼이나 가위를 준비하여 교재 105쪽의 활동 자료를 직접 오려 전화기와 활동지를 만든 후, 활동지에 자신의 전화번호를 적어 교사에게 제출하도록 한다.

② 교사는 학생들에게 받은 활동지를 골고루 섞어 다시 학생들에게 나누어 주고, 적혀 있는 전화번호를 확인하도록 한다.

③ 임의로 학생 한 명을 지목하여 자신이 받은 활동지에 적힌 전화번호를 중국어로 말해 보도록 한다.

④ 나머지 학생들은 잘 듣고 있다가, 자신의 번호가 불릴 때 자리에서 전화기를 들고 일어나 "喂，我是○○○"이라고 말하도록 한다.

⑤ 전화기를 들고 말했던 친구는 다시 자신이 받은 활동지에 있는 전화번호를 중국어로 말하고, 계속해서 같은 방식으로 활동을 진행한다.

### 지도 tip

반 전체가 함께 다음과 같은 방법으로 게임을 진행할 수 있다.

① 실제 지역을 나타내는 지도나 사진 자료, PPT 자료 등을 준비하여 각 지역의 지역 번호가 포함된 임의의 전화번호를 학생 개개인에게 나눠 준다. 재미 요소를 더하기 위해 전화번호가 적힌 쪽지를 상자나 바구니, 주머니 등에 넣고 학생들이 직접 번호를 뽑도록 할 수도 있다.

② 자기가 가진 전화번호가 실제 번호인 것처럼 유창하게 말할 수 있도록 준비 시간을 가진 후 활동을 진행할 것임을 예고한다.

③ '东东家的电话号码是多少?'와 같은 질문을 통해 학생들이 전화번호를 말해 보는 연습을 할 수 있도록 돕는다.

④ 모든 학생들이 듣거나 말하는 연습에 동참할 수 있도록 교사는 표 형식의 간단한 활동지를 만들어서 발표하는 학생이 전화번호를 말할 때 다른 학생들은 그 전화번호를 활동지에 적도록 한다.

⑤ 활동지가 완성되면 전체적으로 함께 확인하며 마무리한다.

### 지도 tip

학습자가 교재에 대해 호감을 가질 수 있도록 다양한 방법으로 교재를 활용하는 경험을 제공해 주는 것이 중요하다.
제2과에서 학습한 내용을 활용하여 본문의 내용을 바꿔 새로운 대화문을 완성해 보도록 한다. 학생 스스로 본문을 완성하면서 느끼는 성취감은 소중한 학습 경험이다. 문장 구사를 어려워하는 학생의 경우에는 교사의 적절한 개입이 필요하다.

1) 교재의 내용 바꾸기 연습은 학생의 연령이나 학습 내용에 대한 이해 수준에 따라 진행형 문장 연습과 전화번호 연습의 두 단계로 나누어 차근차근 진행하거나, 동시에 진행할 수 있다.

2) A4 용지에 각자 대화문을 완성하고 그림을 그리거나 꾸미는 활동을 해 볼 수 있다.

3) 연습이 충분하다고 느껴지면 친구들 앞에서 발표하는 시간을 가진다. 학습자의 성향에 따라 발표에 부담을 느끼는 경우라면 강요할 필요는 없으며, 지원자에 한해 진행한다.

4) 발표 모습을 휴대전화를 활용하여 동영상을 찍어 간단히 편집한 후 다음 시간에 함께 보면서 복습도 하며 즐거운 시간을 가질 수 있다. 단, 촬영한 동영상은 수업을 위한 용도로만 사용하고 외부로 유출되지 않도록 각별히 주의해야 한다.

## 마무리하기

**1. 학습 내용 정리**

① 학습한 표현을 우리말로 제시하고 이를 중국어로 말해 보게 한다.

② 다양한 숫자로 구성된 전화번호를 제시하고 중국어로 대답하게 한다.

**2. 과제 부여**

진행형 표현이나 전화번호를 묻고 답하는 상황과 관련된 문장을 활용하여 새로운 본문을 만들어 보도록 한다.

# 3 我没带画笔。 나는 그림붓을 안 가져왔어.

## 단원 소개 및 학습 내용

중국 학생들의 교복과 홍링진에 대해 알아보고, 이와 관련된 문화를 살펴본다. 동작의 완료·완성을 나타내는 '了'와 부정을 나타내는 '没'를 활용한 표현을 익힌다.

## 단원 학습 목표

1. 제2성＋제1성, 제2성＋제2성으로 이루어진 단어를 정확하게 읽을 수 있다.
2. '了'를 활용하여 동작의 완료·완성 나타낼 수 있다.
3. '没'를 활용하여 부정 표현을 할 수 있다.

## 단원 지도 계획

| 차시 | 교재 범위 | 학습 단계 | 학습 내용 |
|---|---|---|---|
| 1 | 36~39쪽 | 문화 | 중국 학생들의 교복 |
| | | 발음 | 제2성＋제1성, 제2성＋제2성으로 이루어진 단어 |
| | | 새 단어 | 본문 새 단어 학습<br>쓰기 연습 (穿, 用) |
| 2 | 40~41쪽 | 회화 | 수업 준비물에 관한 대화 나누기 |
| 3 | 42~43쪽 | 교체 연습 | '了'를 활용하여 동작의 완료·완성 나타내기<br>'没'를 활용하여 부정 표현하기 |
| | | 연습 문제 | 발음 및 본문 관련 문제 풀기 |
| 4 | 44~45쪽 | 확장 연습 | 과목 이름 배우기 |
| | | 활동 | 몸으로 말해요! |

1차시 36~39쪽

**학습 목표**

- 중국 학생들의 교복과 홍링진에 대해 이해한다.
- 제2성+제1성, 제2성+제2성으로 이루어진 단어를 정확하게 발음할 수 있다.
- 새 단어의 발음과 뜻을 익히고, 획순에 맞게 쓸 수 있다.

**수업 준비물**

교재, 멀티 CD, 단어 카드

## 들어가기

1. 지난 시간 복습

① 과제를 확인한다.

② 지난 시간에 학습한 내용의 상황을 설정하거나 사진을 제시하여 중국어로 표현해 보면서 지난 차시에 배운 내용을 학습한다.

2. 새로 배울 내용 소개

① 그림과 문화 내용을 살펴보면서 이번 단원에서 배울 내용이 무엇인지 유추해 보게 한다.

◆ 전에 학습한 적이 있는 중국의 학교생활 중 기억나는 것이 있는지 물어본다. 『신나는 어린이 중국어 ②』 제3과에서 중국의 학교생활 중 눈 체조에 대해 배운 적이 있음을 상기시키며, 이번 시간에는 교복에 대해 알아볼 것임을 알려 준다. 혹은 그림 속 학생들이 입고 있는 옷이 어떤지 살펴보고 중국 학생들의 교복에 대해 유추할 수 있게 한다.

② 새로운 내용을 학습하기에 앞서 가볍게 발음 연습을 하고, 본문 학습 이전에 새 단어를 익혀 보는 시간임을 알려 준다.

## 펼치기

- 문화 소개: 중국 학생들의 교복

① 중국 학생들의 학교생활 모습이 담긴 사진 자료를 제시하여 우리나라 학생들의 모습과 비교해 보게 한다.

◆ 사복을 입고 등교하는 우리나라 대다수의 초등학생들과 달리 중국의 초등학생들은 체육복을 교복으로 입는다. 또한 목에 빨간 스카프인 홍링진(红领巾)을 두르기도 한다.

② 본문의 문화 내용을 함께 읽어 본다.

③ 이번 과에서 배우는 내용과 연관이 있음을 언급하고 수업을 시작한다.

**보충**

### 홍링진(红领巾)

홍링진(红领巾)은 붉은색의 천으로 된 삼각 스카프인데, 중국 초등학생들이 넥타이처럼 매고 다닌다. 홍링진은 원래 정치적인 의미를 갖고 있다. 1949년 중화인민공화국이 건립된 이후 중국의 공산당위원회는 소년선봉대를 만들었고, 홍링진은 소년선봉대의 단원임을 나타내는 표시였다. 홍링진의 붉은색은 중국 인민과 영웅의 선혈(鲜血)을 의미하고, 삼각 스카프의 모양은 혁명의 승리를 상징한다.

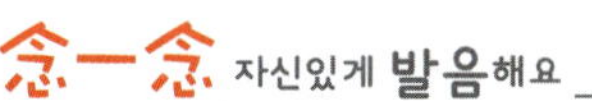 

## 念一念 자신있게 발음해요

### 1. 발음 연습

① 녹음을 들려주고 따라 읽게 한다.

提高　房间　明天　结婚

爬山　完成　回答

着急　明年　其实

② 제1성과 제2성의 특징을 다시 한 번 확인한 후, 보다 정확하게 발음할 수 있도록 한다.

③ 각 성조를 연습한 후, 제2성과 제1성, 제2성과 제2성이 결합된 발음을 연습한다.

**지도 tip**

제3과의 念一念에 해당하는 단어 카드 활동지를 활용하여 발음을 연습한다.

또한 성조 표기 연습 활동지로 학습자의 성조 파악 정도를 확인할 수 있다. 활동지는 학습자의 수준과 수업의 진도에 따라 적절하게 선택하여 사용하고, 사용법은 게시글을 참고한다.
(활동지는 http://cafe.naver.com/funchinese/7442에서 제공)

**보충**

**제2성+제1성, 제2성+제2성 단어 및 표현**

『신나는 어린이 중국어 ①』, 『신나는 어린이 중국어 ②』의 발음 연습 및 연습 문제를 포함하여 전체적으로 노출된 제2성+제1성, 제2성+제2성 단어 및 표현이다.

**· 제2성+제1성**

明天 | 十三 | 昨天 | 厨师 | 十一 | 摩托车 | 十分 | 回家 | 钱包 | 熊猫 | 骑车 | 图书馆

**· 제2성+제2성**

韩国 | 德国 | 邮局 | 儿童节

### 2. 잰말놀이

제3과 본문의 상황과 연결되도록 체조를 하는 상황을 잰말놀이 내용으로 제시하였다. 잰말놀이는 본격적인 본문 학습에 앞서 중국어 말하기에 대한 부담을 줄이기 위한 것이므로 즐거운 분위기에서 연습하는 것이 중요하다.

잰말놀이가 유의미한 발음으로 구성되었음을 드러내기 위해 우측에 한자를 제시하였으나, 학습으로 연결시킬 필요는 없다. 그러나 자주 사용하는 단어의 익히거나 문장 단위로 설명하는 것은 학습자의 흥미와 이해도 수준에 따라 융통성 있게 진행한다.

① 리듬에 맞춰 가볍게 따라 읽게 한다.

② 리듬 노래를 통해서 자연스럽게 발음을 연습하고 전체적인 의미도 파악해 본다.

扭呀 扭呀 扭扭腰
Niǔ ya niǔ ya niǔniu yāo
돌리자 돌리자 허리를 돌리자

伸呀 伸呀 伸伸腿
Shēn ya shēn ya shēnshen tuǐ
펴자 펴자 다리를 쭈욱 펴자

挺啊 挺啊 挺挺胸
Tǐng a tǐng a tǐngting xiōng
쫘악 쫘악 가슴을 쫘악 펴자

准备好了 再运动
Zhǔnbèi hǎo le zài yùngdòng
준비 다 됐다 다시 운동하자

**지도 tip**

제3과의 잰말놀이에서 '扭'는 '돌리다, 비틀다', '伸'은 '신체의 일부분을 펴다', '挺'은 '꼿꼿하게 쭉 펴다, 내밀다'의 뜻으로 사용되었다. 그러나 잰말놀이는 단어 학습을 목적으로 제시한 내용이 아니므로 단어의 뜻을 일대일로 대응하여 해석하기보다는 교사가 동작으로 시범을 보여 줌으로써 학습자가 '扭腰', '伸腿', '挺胸'라는 표현을 쉽게 이해하고 기억할 수 있도록 지도한다.

③ 연습 정도에 따라 속도를 조절하여 능숙하게 발음할 수 있도록 지도한다.

**지도 tip**

제3과의 잰말놀이는 간단한 체조를 하며 연습할 수 있다. 움직이는 것을 좋아하는 어린이 학습자의 특성을 고려하여 활기차고 즐거운 분위기에서 중국어를 익힐 수 있도록 수업을 구성하는 것도 중요하다.

学生词 새 단어를 배워봐요

1 새 단어를 큰 소리로 따라 읽어 보세요.

没 méi ~않다
带 dài (몸에) 지니다, 휴대하다
画笔 huàbǐ 그림붓
怎么 zěnme 어째서, 왜
穿 chuān (옷, 신발, 양말 등을) 입다, 신다
了 le 동작을 이미 마쳤음을 나타냄
运动服 yùndòngfú 체육복
体育课 tǐyùkè 체육 수업
呀 ya 문장 끝에 쓰여 강조를 나타냄
美术课 měishùkè 미술 수업
怎么办 zěnme bàn 어떡해?
问题 wèntí 문제
支 zhī 자루[길쭉한 물건을 세는 단위]
用 yòng 사용하다, 쓰다

2 획순에 주의하여 올바르게 한자를 써 보세요.

穿 chuān 입다, 신다

用 yòng 사용하다, 쓰다 丿 冂 月 月 用

我没带画笔。 39

## 学生词 새 단어를 배워봐요

**1. 어휘 학습**

① 녹음을 듣고 큰 소리로 따라 읽게 한다.

② 단어의 의미와 주의해야 할 발음을 설명한다.

没 méi ~않다
소유를 나타내는 '有'와 반대의 뜻으로 '없다'라고 해석하지만 여기서는 부정의 의미로 쓰였다.

带 dài (몸에) 지니다, 휴대하다

画笔 huàbǐ 그림붓

怎么 zěnme 어째서, 왜

穿 chuān (옷, 신발, 양말 등을) 입다, 신다

了 le 동작을 이미 마쳤음을 나타냄

运动服 yùndòngfú 체육복

体育课 tǐyùkè 체육 수업

呀 ya 문장 끝에 쓰여 강조를 나타냄

美术课 měishùkè 미술 수업

怎么办 zěnmebàn 어떡해?

问题 wèntí 문제

支 zhī 자루[길쭉한 물건을 세는 단위]

用 yòng 사용하다, 쓰다

**지도 tip**

'怎么'와 '怎么办'이 새 단어로 함께 제시되었다. '怎么'는 방법을 묻는 '어떻게'라는 뜻이 아니라, 이유를 묻는 '어째서, 왜'로 해석된다. 『신나는 어린이 중국어 ③』에서 '怎么'를 포함한 다양한 표현(怎么 怎么办 怎么样 怎么了)을 다룬다. 각 표현들이 어떤 상황에서 쓰이는지 본문에서 제시하고 있으므로 어려움 없이 소화할 수 있다. 성인 학습자에게 가르치듯이 분석하며 설명하지 말고, 표현 자체를 한 단위로 연습시킨다. 해당 표현이 사용되는 다양한 상황을 예로 드는 방법도 효과적이다. 이때, 상황 설명을 중국어로 할 필요는 없다.
일부 교사들은 종종 '了'를 '과거'라고 가르치는데, 이는 잘못된 설명이다. '了'는 '과거'를 나타내는 것이 아니라 '동작의 완료'를 나타내는 어기조사이다. 어린이 학습자에게 '완료'라는 개념보다 '과거'라는 개념이 더 쉽게 이해될 수는 있으나, 이해를 돕기 위해 잘못된 설명을 하는 실수는 피하도록 한다.

③ 녹음을 다시 듣고 따라 읽게 한다.

**2. 쓰기 연습**

① 교사는 제시된 단어를 칠판에 쓰면서 획순을 알려 준다.

② 획순에 주의하여 학생 스스로 써 보도록 한다.

③ 학생들이 잘못 쓰는 글자를 다시 한 번 짚어 준다.

④ 학생이 칠판 앞으로 나와서 교사가 지정해 준 한자를 필순에 맞게 써 보고 발음해 보도록 한다.

⑤ 워크북의 쓰기 연습에서는 '带, 画笔, 怎么'를 연습한다.

穿 부수 穴 총 9획

- 위에서 아래으로 쓴다.
- 일곱 번째 획을 두 번에 나누어 쓰지 않도록 주의한다.

用 부수 用 총 5획

- 윤곽을 나타내는 부분을 먼저 쓴다.
- 위에서 아래로, 왼쪽에서 오른쪽으로 쓴다.
- 가로획을 먼저 쓰고 세로획을 쓴다.

丿 冂 月 月 用

## 마무리하기

**1. 학습 내용 정리**

수업 내용에 관한 질문을 통해 학생들의 이해도를 점검한다. 학생들이 특히 어려워하는 부분이 어디인지 확인하고, 다시 한 번 짚고 넘어간다.

**2. 과제 부여**

① 본서 38쪽의 '발음 연습'과 '잰말놀이'를 큰 소리로 읽는 연습을 해 오도록 한다.

② 학습한 단어의 뜻과 한어병음이 익숙해질 수 있도록 멀티 CD(TRACK 25)를 반복해서 듣고 오게 한다.

2차시 40~41쪽

**학습 목표**

- '了'를 활용하여 동작의 완료·완성을 나타내는 표현을 할 수 있다.
- 부정 표현의 '没'를 활용하여 대화할 수 있다.

**수업 준비물**

교재, 멀티 CD

## 들어가기

**1. 지난 시간 복습**

① 과제를 확인한다.
② 그림 자료나 PPT 등의 시각 자료를 활용하여 지난 차시에 다룬 문화 관련 내용을 확인한다.

**2. 새로 배울 내용 소개**

① 학습 목표를 소개한다.
② 본문의 그림을 보고 어떤 상황인지 유추해 보도록 한다.

## 펼치기

### 一起说 친구들과 대화해요

**1. 단어 확인하기**

① 단어 카드를 활용하여 지난 시간에 학습한 단어를 읽어 보게 한다. 멀티 CD의 단어 플래시를 활용하여 단어를 복습할 수도 있다.
② 교사가 중국어로 단어를 제시하면 학생들은 우리말로 그 단어의 뜻을 말한다.
③ 학생들이 단어의 뜻을 정확하게 이해했다면, 교사는 학생들에게 우리말로 단어를 제시하고 중국어로 대답해 보게 한다.

**지도 tip**

교사용 낱글자 단어 카드와 교사용 지도서 뒤에 있는 새 단어 카드를 활용하여 단어 학습을 할 수 있다.
(교사용 낱글자 단어 카드는 http://cafe.naver.com/funchinese/5315 에서 제공)

**2. 녹음 듣고 문장 연습하기**

① 녹음을 들려주고 따라 읽게 한다.
② 문장 단위로 따라 읽게 하고 해석한다.

**본문 해석**

| | |
|---|---|
| 东海 | 你怎么穿了运动服?<br>너 어째서 체육복을 입고 있니? |
| 丽丽 | 今天有体育课呀!<br>오늘 체육 수업이 있잖아! |
| 东海 | 今天没有体育课，有美术课。<br>오늘 체육 수업은 없고, 미술 수업이 있어. |
| 丽丽 | 怎么办? 我没带画笔。<br>어떡하지? 나 그림붓 안 가져왔는데. |
| 东海 | 没问题，我有两支画笔。<br>문제없어. 나 붓 두 자루 있거든. |
| | 你用我的吧!<br>내 것 써! |

**지도 tip**

지난 수업을 통해 학습자는 기본 발음과 단어 학습을 마친 상태이므로, 문장의 의미를 스스로 파악해 보는 기회를 제공하여 적극적인 학습 분위기를 조성한다.

**지도 tip**

제3과 본문에서 '没'는 두 가지 용법으로 다루고 있다.

1) '~이 없다'로 해석되는 경우
   예 今天没有体育课。没(有)问题。
2) '~하지 않다'로 해석되는 경우
   예 我没带画笔。

2)의 경우에 대해서는 지난 차시에 연습하였고, 1)은 이미 배운 내용이므로 새 단어 학습에서는 별도로 제시하지 않았다.

고학년에게는 이 두 가지 용법에 대해 한 번 정리하여 설명하는 시간을 마련하는 것도 좋다.

**지도 tip**

의문사 '怎么'는 단어 자체가 의문의 어감을 갖고 있다. 따라서 의문문을 완성하기 위해 끝에 '吗'를 붙이지 않는다. 학습한 의문사에는 '怎么' 이외에도 '哪, 什么, 几, 多大, 谁, 多少, 哪儿'이 있음을 상기시키고, 각 의문사가 들어간 문장을 말할 수 있는지 확인한다. 학습자의 부담감을 덜어 주기 위해 교사가 의문문을 말하면 그 문장에 포함된 의문사가 무엇인지 말해 보도록 하여 난이도를 낮출 수도 있다.

선행 학습 내용을 활용한 지속적인 복습은 학습 내용을 장기 기억으로 만드는데 효과적인 방법이다. 또한 학습자가 학습에 대한 유용성을 느낄 수 있도록 도와준다. 따라서 교사는 평소 수업 시간을 통해 기존 학습 내용을 현재 학습 내용과 긴밀하게 연결시킬 수 있는 다양한 교수 방법을 강구해야 한다.

③ 교재의 문장을 정확한 발음으로 읽어 보도록 한다.
④ 두 사람씩 짝을 지어 대화문을 연습해 보게 한다. 역할을 바꾸어 가면서 연습하도록 지도하여 반복적인 연습이 지루해지지 않도록 주의한다.
⑤ 간체자만 보고 본문을 읽는 연습을 한다.

**3. 문장 듣고 해석하기**

교사가 읽어 주는 내용을 듣고 우리말로 해석하게 한다.

**4. 해석 듣고 중국어 문장으로 말하기**

① 실제 대화하는 것처럼 자연스럽게 말하도록 지도한다.
② 짝과 함께 회화 내용을 연습하고, 역할을 바꾸어 반복 연습하도록 지도한다.

**지도 tip**

어린이 학습자가 중국어를 어려워하는 이유 중 하나로 '한자'에 대한 부담감을 꼽을 수 있다. 따라서 교사는 학습자가 한자를 쉽고 친숙하게 느낄 수 있도록 수업 시간에 다양한 방법을 도입해야 한다. 어린이 학습자는 문자를 통한 학습에 대해 어려움을 느끼기 때문에 한자를 무리하게 외우게 하거나 여러 번 반복해서 쓰는 연습은 오히려 거부감을 일으킬 수 있으므로 지양한다.

한자에 대한 부담감이나 거부감을 줄일 수 있도록 음료수 뚜껑을 활용한 놀이 교구를 만들어 간단한 게임을 진행할 수 있다.

① 본문의 글자 수와 동일하게 48개의 음료수 뚜껑을 모아 씻은 후 말려서 준비한다. 그리고 둥근 스티커 라벨지, 유성 매직을 준비한다.

② 모둠별로 본문 내용을 완성한다. 이때 각 구성원이 담당하는 글자를 서로 의논하여 결정하도록 한다. 스티커 하나에 한 글자씩 쓰고 뚜껑 안쪽에 붙인다. 뚜껑 겉에 붙이면 활동 중에 떨어지는 경우가 많다.

③ 학습자의 수준에 따라 다양한 진행 방법으로 진행한다. 태도가 좋거나 집중을 잘하는 학습자에게 뚜껑과 스티커를 제공하는 등 준비 단계에서도 차등을 둘 수 있다. 병뚜껑이 떨어지거나 분실되는 경우를 막기 위해 상자나 덮개, 쟁반 등을 준비한다. 교사가 말하는 문장과 일치하도록 '한자 병뚜껑'으로 문장을 만든다. 이때 교사는 우리말 문장 또는 중국어 문장을 읽어 줄 수 있다. 빠른 시간 내에 본문의 문장을 정확하게 배열한 모둠이 이긴다.

활동을 하는 동안, 학습자 스스로 본문의 한자에 집중해서 병뚜껑 교구에서 한자를 열심히 찾는 모습을 볼 수 있다. 활동을 위한 준비는 한 시간 내에 하는 것이 아니라 수업의 자투리 시간을 활용하여 수업 시간의 손실이 없도록 유의한다.

어린이 학습자에게 '한자는 어렵지 않다, 한자는 지루한 것이 아니다'라는 느낌을 주는 것만으로도 성공적인 수업이므로, 한자를 무조건 익히게 해야 한다는 부담을 갖지 않는 것이 좋다.

만약 문장으로 연습하기 어렵다면 낱글자를 찾는 방식으로 난이도를 조절할 수 있다. '한자 병뚜껑 말'을 모두 엎어 놓고, 똑같은 '한자 병뚜껑 말' 두 개를 뒤집어서 찾는 글자 인식 연습을 할 수도 있다. 이때 똑같은 말을 두 개 찾았다 하더라도 읽을 수 있어야 점수를 얻고 말을 획득한다. 병뚜껑을 많이 가진 모둠이 이기는 방식으로 게임을 진행한다.

## 마무리하기

**1. 학습 내용 정리**

학습 내용을 다시 한번 확인한다. 멀티 CD 회화 애니메이션의 자막을 변경해 가며 회화 내용을 확실히 익혔는지 확인해 볼 수 있다.

**2. 과제 부여**

① 본문을 세 번씩 큰 소리로 읽어 오게 한다.
② 짝과 함께 역할을 분담하여 대화를 연습해 오게 한다.

### 학습 목표

- '了'를 활용하여 동작의 완성을 나타내는 표현을 말할 수 있다.
- '没'를 활용하여 부정 표현을 할 수 있다.

### 수업 준비물

교재, 음성 자료

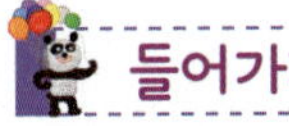

## 들어가기

**1. 지난 시간 복습**

① 과제를 확인한다.

② 지난 차시 학습 내용을 확인한다.
본문 내용을 짚어 보며 문답식으로 확인하거나, 상황에 맞는 그림 또는 PPT 자료를 활용하여 확인한다.

**2. 새로 배울 내용 소개**

① 학습 목표를 소개한다.

② 주제와 관련된 내용을 소개한다.

## 펼치기

### 学一学 차근차근 익혀봐요

**1. '了'를 활용한 동작의 완성 표현**

① 녹음을 듣고 정확한 발음으로 따라 읽도록 지도한다.

② 새 단어의 의미를 확인하고 문장으로 연습해 본다.

③ 충분한 연습을 통해 제시된 문장을 자연스럽게 표현할 수 있도록 한다.

> 她穿了运动服。 그녀는 운동복을 입었어.
>
> 밑줄 친 부분을 바꿔서 말해 봐요!
> 她吃了饼干。 그녀는 과자를 먹었어.
> 她画了大象。 그녀는 코끼리를 그렸어.

**지도 tip**

'穿了'를 한 단어처럼 연습하고, 그림 교구를 활용하여 '服'가 '의복'이라는 것을 강조할 수 있다. 본 수업의 학습 목표는 '동사+了'의 형태로 말하는 것이므로, 핵심 문형만 중국어로 말하고 나머지는 우리말로 말하는 등 수준을 조정하여 연습을 진행한다.

韩服 한복 | 西服 양복, 정장 | 运动服 운동복, 체육복 | 旗袍 치파오

(교구 자료는 http://cafe.naver.com/funchinese/6553에서 제공)

**2. '没'를 활용한 부정 표현**

① 녹음을 듣고 정확한 발음으로 따라 읽도록 지도한다.

② 새 단어의 의미를 확인하고 문장으로 연습해 본다.

③ 충분한 연습을 통해 제시된 문장을 자연스럽게 표현할 수 있도록 한다.

> 我没带画笔。 나는 그림붓을 안 가져왔어.
>
> 밑줄 친 부분을 바꿔서 말해 봐요!
> 我没吃药。 나는 약을 안 먹었어.
> 我没背课文。 나는 본문을 안 외웠어.
> 我没去电影院。 나는 영화관에 안 갔어.

**지도 tip**

'没带'를 한 단어처럼 연습하고, 학용품과 관련된 명칭으로 바꿔 연습한다. '没' 뒤의 동사를 바꾸면서 '没'를 활용한 부정 표현을 연습할 수도 있다.

단어 카드를 제시용 교구로 사용하려면 한 페이지 전체를 코팅하여 사용하지만, 그림과 한자의 연결을 연습할 경우, 그림과 글자 부분을 분리하여 코팅 후 사용한다. 두 가지 방법으로 모두 활용하려면, 분리하여 자르고 코팅한 후, 테이프로 연결하여 사용하면 된다.
(교구 자료는 http://cafe.naver.com/funchinese/6554에서 제공)

## 练一练 재미있게 연습해요

### 1. 녹음 듣고 성조 표기하기

① 녹음을 들려준 후, 문제를 풀게 한다.
② 정답을 확인하고, 문제 풀이를 한다.
③ 녹음을 다시 한 번 듣고 따라 읽게 한다.

> **녹음대본**
> (1) rénmíng 人名 사람의 이름 (2) yáshuā 牙刷 칫솔
> (3) chuánbō 传播 전파하다, 널리 퍼뜨리다
> (4) cúnqián 存钱 저금하다

**[정답]** (1) ˊ ˊ (2) ˊ ˉ (3) ˊ ˉ (4) ˊ ˊ

◆ 연습 문제를 풀면서 성조를 표기하는 위치에 대해 간단히 정리한다. 각 문항의 단어를 보면서 권설음(zh, ch, sh, r)과 설치음(z, c, s) 발음을 다시 한 번 확인하는 시간을 가질 수도 있다.

### 2. 알맞은 스티커를 붙여 문장 완성하기

① 각 그림과 어울리는 문장을 말해 보게 한다.
② 각 그림과 어울리는 한자 스티커를 찾아 보도록 한다.
③ 정답을 확인한 후, 큰 소리로 읽어 보게 한다.

> **지도 tip**
> 문제를 풀기 전에 학습 내용을 다시 한 번 복습한다. 이해가 느린 학습자를 위해 녹음대본 내용을 포함한 추가 예시를 주고 어떤 유형의 문제가 나올지 먼저 연습해 보면서 참여를 독려한다.

**[정답]** (1) 美术课 (2) 吧

### 3. 녹음과 일치하는 그림 고르기

① 녹음을 들려준 후, 문제를 풀게 한다.
② 정답을 확인하고, 문제 풀이를 한다.
③ 녹음을 다시 한 번 듣고 따라 읽게 한다. 정답이 아닌 그림에 알맞은 문장도 말해 보게 한다.

> **지도 tip**
> 문제를 풀기 전에 학습 내용을 다시 한 번 복습한다. 그림을 보면서 어떤 문장을 만들 수 있는지 학습자 스스로 중국어로 표현해 보도록 유도한다. 교사는 상황에 따라 적절하게 힌트를 제시할 수도 있다.

> **녹음대본**
> (1) Wǒ chuān le yùndòngfú. 我穿了运动服。
> 나는 체육복을 입었어.
> (2) Wǒ méi dài yǔsǎn. 我没带雨伞。
> 나는 우산을 안 가져왔어.

**[정답]** (1)    (2)   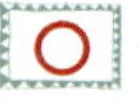 

교재의 연습 문제를 학습한 후, 워크북 문제를 함께 풀어 볼 수 있다. 워크북을 푸는 과정을 통해 학생들에게는 학습한 내용을 한 번 더 확인하는 기회를 제공하고, 교사는 학생들의 이해 정도를 파악하여 필요한 지도를 보충하거나 다음 수업의 난이도를 조정할 수 있다. 워크북의 모든 문제를 풀어 볼 수도 있지만, 필요에 따라 교사가 취사선택하여 풀어 볼 수도 있다.

## 마무리하기

### 1. 학습 내용 정리

① 学一学에서 학습한 내용을 정확히 이해했는지 확인한다.
② 연습 문제에서 학생들이 자주 오류를 범하는 문제에 대해 다시 한 번 정리한다.

### 2. 과제 부여

이번 시간에 학습한 내용을 자연스럽게 표현할 수 있도록 연습해 오게 한다.

4차시 44~45쪽

高一高 실력을 쑥쑥 키워요

학교에서 배우는 과목 이름을 중국어로 알아보고, 여러분의 시간표를 써 보세요.

今天有______课。 오늘은 ______ 수업이 있어.

Jīntiān yǒu ______ kè.

语文 yǔwén 국어 | 英语 Yīngyǔ 영어 | 数学 shùxué 수학 | 科学 kēxué 과학

体育 tǐyù 체육 | 音乐 yīnyuè 음악 | 美术 měishù 미술 | 品德 pǐndé 도덕

| | 월 | 화 | 수 | 목 | 금 |
|---|---|---|---|---|---|
| 1 | | | | | |
| 2 | | | | | |
| 3 | | | | | |
| 4 | | | | | |
| 5 | | | | | |
| 6 | | | | | |

44 3과

학습 목표

- 다양한 과목 표현을 익히고 시간표를 완성할 수 있다.
- 게임을 통해 학습 내용을 숙지하여 중국어 표현 능력을 향상시킬 수 있다.

수업 준비물

교재, 멀티 CD

## 들어가기

**1. 지난 시간 복습**

① 과제를 확인한다.

② **学一学**에서 다른 표현을 함께 읽어 보거나 간단한 질문을 통해 복습한다.

**2. 새로 배울 내용 소개**

① 학습 목표를 소개한다.

② 주제와 관련된 내용을 소개한다.

오늘의 시간표를 물어보거나 학생들이 좋아하는 과목이 무엇인지 물어보며 이와 관련된 표현을 학습할 것임을 알려 준다.

## 펼치기

### 高一高 실력을 쑥쑥 키워요

**• 다양한 과목 표현**

① '今天有○○课。' 문장을 연습한다.

② 과목 표현과 주요 구문을 충분히 연습한 후, 실제 시간표를 완성해 보도록 한다. 교재에서 제시하지 않은 과목은 우리말로 대체한다.

**지도 tip**

실생활이 반영된 대화문의 연습은 중국어 학습의 실용성과 유용성을 느끼게 하고 적극적인 학습 동기를 유발할 수 있다. 단어 카드용으로 A4 용지 1/2 크기로 출력하거나 시간표 꾸미기용으로 A4 용지 1/4 크기로 출력할 수 있다. 함께 제공한 백지 카드로 다른 과목을 함께 꾸며 볼 수도 있다.

(교구 자료는 http://cafe.naver.com/funchinese/8110에서 제공)

③ 완성된 시간표를 보면서 짝과 함께 대화문을 연습한다. 단어의 나열에 그치지 않고, 문장으로 완성하여 말할 수 있도록 격려한다.

예 A: 今天(또는 明天)有○○课吗?

B: 有，今天有○○课。/ 没有，今天没有○○课。

**지도 tip**

본 차시의 학습 구문뿐 아니라 이전에 학습했던 '你喜欢……吗?' 구문을 활용하여 서로 묻고 답하는 활동을 연습해 본다.

또한 인터뷰나 설문조사 형식의 학습지를 만들어 학생들이 교실에서 자유롭게 돌아다니면서 여러 명의 친구에게 좋아하는 과목이 무엇인지 묻고 답하는 등 학습 내용을 반복적으로 말해 보고 자연스럽게 익히도록 말할 수 있는 기회를 평소 수업 시간을 통해 꾸준히 제공할 수 있다.

대화문 연습을 활동으로 진행할 경우, 교실의 분위기가 소란스러워지거나 활동에서 배제되는 학습자가 생길 가능성이 있다. 교사는 활동을 시작하기에 앞서 함께 지켜야 할 규칙들에 대해 충분히 이야기하고, 왜 활동을 진행하는지 목표를 제시하여 학습자들이 좀 더 집중하고 참여할 수 있도록 배려한다.

활동을 적극적으로 참여한 학생에게는 구체적이고 적절한 칭찬과 격려를 한다. 때로는 칭찬 도장 등의 보상을 줄 수도 있다.

## 玩一玩 신나게 놀아 봐요

• 몸으로 말해요!

① 각 과목을 잘 표현할 수 있는 동작을 만들어 본다.

**지도 tip**

과목을 표현하기 위한 동작을 정할 때는 학생들의 적극적인 참여를 독려한다. 단, 동작이 과목과 연관성이 없다든지, 따라 하기에 너무 복잡하거나 어려우면 교사가 조정한다.
다양한 의견을 수렴하는 과정에서 오랜 시간이 소요되면 교실의 분위기가 다시 집중하는 데 어려움이 있으므로 가급적 짧은 시간 내에 활동을 위한 준비를 마치도록 한다.

② 선생님이 중국어로 과목을 말하면 구령에 맞춰 학생들이 해당 과목을 동작으로 표현하고, 선생님이 동작을 보여 주면 그 동작에 해당하는 과목 이름을 중국어로 말해 본다.

③ 활동에 어느 정도 익숙해지면 모둠을 구성한 후, 모둠 내에서 학생들끼리 스스로 진행해 보도록 한다.

**지도 tip**

활동의 진행을 위해 모둠을 구성할 경우, 교사는 사전에 학생들의 특성과 중국어 수준 등을 고려하여 모둠원을 정하거나, 뽑기를 통해 무작위로 모둠을 구성한다. 이러한 방식은 친한 학생들끼리 한 모둠에 모이는 경우를 피할 수 있다.
모둠 내에서 학생들끼리 활동을 할 때 교사는 교실을 순회하며 활동이 제대로 진행되는지, 어려움을 겪는 학생은 없는지 살핀다.

**보충**

**과목 스도쿠**

제3과의 高一高에서 배웠던 과목 명칭을 연습하기 위해 '스도쿠(sudoku, 숫자 퍼즐)'에서 착안하여 만든 활동지이며, 놀이 방식 또한 스도쿠와 동일하다.
동작을 포함한 활동으로 교실의 분위기가 산만하다면 활동지를 활용하여 학습 내용을 다시 한 번 정리할 수 있다.
과목을 그림으로 표현하였으며, 중국어는 그림 대신 '汉'으로 표현했다.

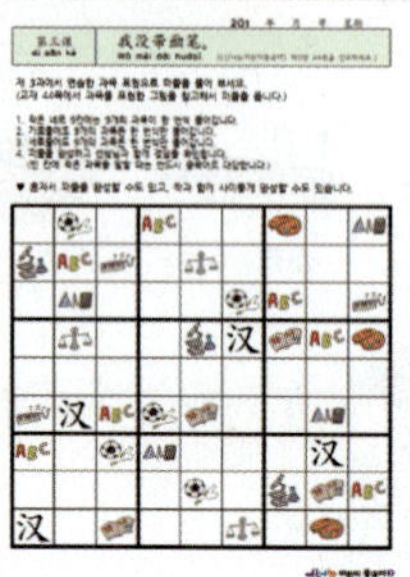

스도쿠는 저학년이 이해하기에는 난이도가 있는 활동이다. 만약 저학년의 수업 시간에 활용한다면 아래와 같이 9칸짜리 활동지로 빠진 과목을 찾아보는 쉬운 수준으로 조절하여 연습할 수 있다. 표기는 우리말이나 한어병음이나 무방하나, 정답을 확인할 때는 반드시 과목 명칭을 중국어로 대답해 보도록 지도한다.

(활동지는 http://cafe.naver.com/funchinese/81에서 제공)

## 마무리하기

**1. 학습 내용 정리**

① 학습한 표현을 우리말로 제시하고 이를 중국어로 말해 보게 한다.

② 다양한 과목 표현을 말해 보고, 학급 시간표 중 특정 요일의 시간표를 말해 보게 한다.

**2. 과제 부여**

다양한 과목 표현을 정확한 발음으로 읽는 연습을 해 오거나, 학급 시간표가 아닌 본인의 시간표를 만들어 보는 과제를 부여할 수도 있다. 교사는 학생들에게 부담이 되지 않는 선에서 적절한 과제를 부여함으로써 학습 내용을 기억할 수 있도록 한다.

# 4 你能吃辣的吗? 너 매운 거 먹을 수 있니?

## 단원 소개 및 학습 내용

중국의 지역별 요리와 특징에 대해 알아보고, 이와 관련된 문화를 살펴본다. 또한 '能'을 활용하여 능력을 나타내는 표현과 '有点儿'을 활용하여 만족스럽지 않은 상황을 나타내는 표현을 익힌다.

## 단원 학습 목표

1. 제2성+제3성, 제2성+제4성으로 이루어진 단어를 정확하게 읽을 수 있다.
2. '能'을 활용하여 어떤 일을 할 수 있는 능력을 나타낼 수 있다.
3. '有点儿'을 활용하여 만족스럽지 않은 상황을 나타낼 수 있다.

## 단원 지도 계획

| 차시 | 교재 범위 | 학습 단계 | 학습 내용 |
|---|---|---|---|
| 1 | 46~49쪽 | 문화 | 중국의 맛, 맛, 맛! |
| | | 발음 | 제2성+제3성, 제2성+제4성으로 이루어진 단어 |
| | | 새 단어 | 본문 새 단어 학습<br>쓰기 연습 (能, 午饭) |
| 2 | 50~51쪽 | 회화 | 능력 묻고 답하기<br>만족스럽지 않은 상황 표현하기 |
| 3 | 52~53쪽 | 교체 연습 | '能'을 활용하여 능력 나타내기<br>'有点儿'을 활용하여 만족스럽지 않은 상황 표현하기 |
| | | 연습 문제 | 발음 및 본문 내용 관련 문제 풀기 |
| 4 | 54~55쪽 | 확장 연습 | 맛을 나타내는 표현 배우기 |
| | | 활동 | 노래로 배워요: 다 잘 먹어요! |

**학습 목표**

- 중국의 지역별 요리와 특징에 대해 이해한다.
- 제2성+제3성, 제2성+제4성으로 이루어진 단어를 정확하게 발음할 수 있다.
- 새 단어의 발음과 뜻을 익히고, 획순에 맞게 쓸 수 있다.

**수업 준비물**

교재, 멀티 CD, 단어 카드

## 들어가기

**1. 지난 시간 복습**

① 과제를 확인한다.

② 지난 시간에 학습한 내용의 상황을 설정하거나 사진을 제시하여 중국어로 표현해 보면서 지난 차시에 배운 내용을 학습한다.

**2. 새로 배울 내용 소개**

① 그림과 문화 내용을 살펴보면서 이번 단원에서 배울 내용이 무엇인지 유추해 보게 한다.

◆ '중국' 하면 떠오르는 음식이 무엇인지 생각해 보고 자유롭게 이야기해 본다. 교재에 있는 중국 지도와 각 지역별 특색 요리를 살펴보며, 중국의 지역별 요리와 그 특징에 대해 알아볼 것임을 예고한다.

② 새로운 내용을 학습하기에 앞서 가볍게 발음 연습을 하고, 본문 학습 이전에 새 단어를 익혀 보는 시간임을 알려 준다.

## 펼치기

- **문화 소개: 중국의 맛, 맛, 맛!**

① 중국의 지도 곳곳에 그려진 다양한 다른 음식 그림을 보며 각 지역별 특징에 따라 음식의 종류나 음식 문화에 대해 유추해 보도록 한다.

◆ 고학년 학습자의 경우 중국의 지역별 음식에 대해 다루면서, 우리나라에도 지역별로 음식의 차이가 있는지 이야기할 수 있다. 이를 통해 자연스럽게 중국과 우리나라의 음식을 비교할 수 있게 한다.

② 본문의 문화 내용을 함께 읽어 본다.

③ 이번 과에서 배우는 내용과 연관이 있음을 언급하고 수업을 시작한다.

**지도 tip**

수업 도입부에 활용할 수 있는 '지역별 음식 특징 및 식사 예절'과 관련된 PPT 자료는 http://cafe.naver.com/funchinese/6556에서 제공하고 있다.

**보충**

**한국에만 있는 짜장면?**

많은 학습자들이 '중국'하면 떠올리는 대표적인 음식으로 짜장면을 꼽는다. 하지만 중국의 짜장면은 우리나라의 짜장면과는 다르다는 것을 알려 준다. 시간적 여유가 있다면 가볍게 한국 짜장면의 유래에 대해 언급한다. 인천광역시 차이나타운에는 '짜장면박물관'이 있어 짜장면의 역사와 문화 관련 교육 및 체험의 장을 마련하고 있다. 홈페이지 http://www.icjgss.or.kr/jajangmyeon를 참고하여 학습자들에게 짜장면과 관련된 이야기를 들려주는 시간을 가질 수 있다.

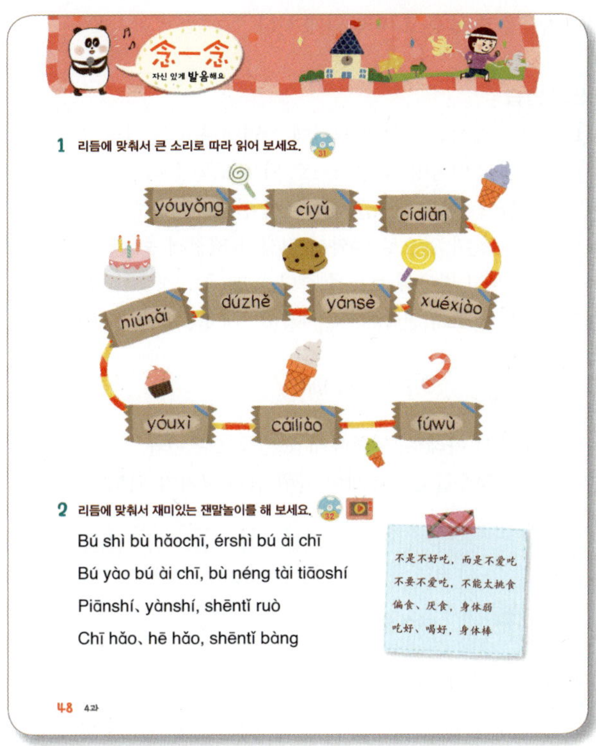

念一念 자신 있게 발음해요

1 리듬에 맞춰서 큰 소리로 따라 읽어 보세요.

yóuyǒng cíyǔ cídiǎn niúnǎi dúzhě yánsè xuéxiào yóuxì cáiliào fúwù

2 리듬에 맞춰서 재미있는 잰말놀이를 해 보세요.

Bú shì bù hǎochī, érshì bú ài chī
Bú yào bú ài chī, bù néng tài tiāoshí
Piānshí、yànshí, shēntǐ ruò
Chī hǎo、hē hǎo, shēntǐ bàng

不是不好吃，而是不爱吃
不要不爱吃，不能太挑食
偏食、厌食，身体弱
吃好、喝好，身体棒

48 4과

 자신있게 **발음**해요 

1. 발음 연습

① 녹음을 들려주고 따라 읽게 한다.
游泳　词语　词典
牛奶　读者　颜色　学校
游戏　材料　服务

② 제2성, 제3성, 제4성의 특징을 다시 한 번 확인한 후, 보다 정확하게 발음할 수 있도록 한다.

③ 각 성조를 연습한 후, 제2성과 제3성, 제2성과 제4성이 결합된 발음을 연습한다.

**지도 tip**

제4과의 念一念에 해당하는 단어 카드 활동지를 활용하여 발음을 연습한다.

또한 성조 표기 연습 활동지로 학습자의 성조 파악 정도를 확인할 수 있다. 활동지는 학습자의 수준과 수업의 진도에 따라 적절하게 선택하여 사용하고, 사용법은 게시글을 참고한다.
(활동지는 http://cafe.naver.com/funchinese/7443에서 제공)

**보충**

**제2성+제3성, 제2성+제4성 단어 및 표현**

『신나는 어린이 중국어 ①』, 『신나는 어린이 중국어 ②』의 발음 연습 및 연습 문제를 포함하여 전체적으로 노출된 제2성+제3성, 제2성+제4성 단어 및 표현이다.

· 제2성+제3성
你好 | 没有 | 门口 | 苹果 | 词典 | 十五 | 牛奶 | 游泳

· 제2성+제4성
一会儿 | 不客气 | 不是 | 您贵姓 | 年纪 | 一刻 | 国庆节 | 学汉语 | 杂志 | 学校 | 颜色 | 红色 | 黄色 | 蓝色 | 白色 | 橙色 | 文具店

2. 잰말놀이

제4과 본문의 상황과 연결되도록 식습관과 관련된 상황을 잰말놀이 내용으로 제시하였다. 잰말놀이는 본격적인 본문 학습에 앞서 중국어 말하기에 대한 부담을 줄이기 위한 것이므로 즐거운 분위기에서 연습하는 것이 중요하다.

잰말놀이가 유의미한 발음으로 구성되었음을 드러내기 위해 우측에 한자를 제시하였으나, 학습으로 연결시킬 필요는 없다. 그러나 자주 사용하는 단어의 익히거나 문장 단위로 설명하는 것은 학습자의 흥미와 이해도 수준에 따라 융통성 있게 진행한다.

① 리듬에 맞춰 가볍게 따라 읽게 한다.

② 리듬 노래를 통해서 자연스럽게 발음을 연습하고 전체적인 의미도 파악해 본다.

不是不好吃，而是不爱吃
Bú shì bù hǎochī, érshì bú ài chī
맛 없는 게 아니에요 먹기 싫은 거예요

不要不爱吃，不能太挑食
Bú yào bú ài chī, bù néng tài tiāoshí
먹기 싫어하면 안돼 너무 편식해서도 안돼

偏食、厌食，身体弱
Piānshí、yànshí, shēntǐ ruò
편식하고, 먹기를 싫어하면 건강할 수 없어

吃好、喝好，身体棒
Chī hǎo、hē hǎo, shēntǐ bàng
잘 먹고 잘 마셔야 건강할 수 있어

③ 연습 정도에 따라 속도를 조절하여 능숙하게 발음할 수 있도록 지도한다.

**지도 tip**

본 과의 잰말놀이는 식습관과 연관이 있는 내용이다. '不好吃, 好吃, 吃好, 喝好, 身体棒'과 같이 자주 사용되는 표현은 평소 수업 시간에 자연스럽게 노출시켜 실생활에서도 사용할 수 있도록 한다.

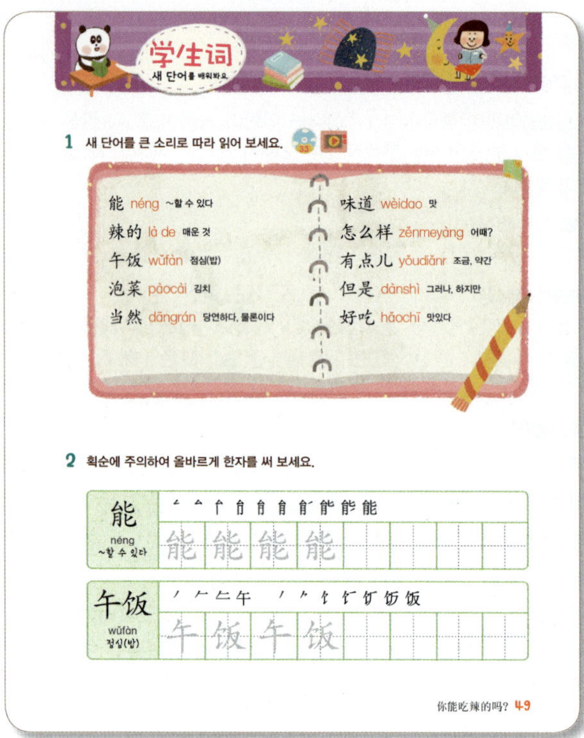
学生词 새 단어를 배워봐요

1 새 단어를 큰 소리로 따라 읽어 보세요.

| | |
|---|---|
| 能 néng ~할 수 있다 | 味道 wèidao 맛 |
| 辣的 là de 매운 것 | 怎么样 zěnmeyàng 어때? |
| 午饭 wǔfàn 점심(밥) | 有点儿 yǒudiǎnr 조금, 약간 |
| 泡菜 pàocài 김치 | 但是 dànshì 그러나, 하지만 |
| 当然 dāngrán 당연하다, 물론이다 | 好吃 hǎochī 맛있다 |

2 획순에 주의하여 올바르게 한자를 써 보세요.

能 néng ~할 수 있다

午饭 wǔfàn 점심(밥)

你能吃辣的吗? 49

## 学生词 새 단어를 배워봐요

### 1. 어휘 학습

① 녹음을 듣고 큰 소리로 따라 읽게 한다.

② 단어의 의미와 주의해야 할 발음을 설명한다.

**能** néng ~할 수 있다
능력을 나타내는 조동사이다. '~을 할 수 있다'는 뜻을 나타낸다.

**辣的** là de 매운 것
동사나 형용사 뒤에 '的'를 붙이면 동사와 형용사를 명사처럼 사용할 수 있다. 즉, 동사나 형용사 뒤에 '的'를 사용하면 '~하는(한) 것'이라는 의미가 된다.

**午饭** wǔfàn 점심(밥)

**泡菜** pàocài 김치

**当然** dāngrán 당연하다, 물론이다

**味道** wèidao 맛

**怎么样** zěnmeyàng 어때?

**有点儿** yǒudiǎnr 조금, 약간
'有点儿' 뒤에는 다소 부정적이거나 불만족스러운 상황이 온다. 제3성이 연속적으로 있으므로 '有'를 제2성으로 읽도록 한다.

**但是** dànshì 그러나, 하지만

**好吃** hǎochī 맛있다
'吃'는 제1성이므로 '好'를 반3성으로 발음하도록 지도한다. 또한 'ch'를 'c'로 발음하지 않도록 주의한다.

③ 녹음을 다시 듣고 따라 읽게 한다.

### 2. 쓰기 연습

① 교사는 제시된 단어를 칠판에 쓰면서 획순을 알려 준다.

② 획순에 주의하여 학생 스스로 써 보도록 한다.

③ 학생들이 잘못 쓰는 글자를 다시 한 번 짚어 준다.

④ 학생이 칠판 앞으로 나와서 교사가 지정해 준 한자를 필순에 맞게 써 보고 발음해 보도록 한다.

⑤ 워크북의 쓰기 연습에서는 '味道, 但是, 好吃'를 연습한다.

**能** 부수 月 총 10획

- 위에서 아래로, 왼쪽에서 오른쪽으로 쓴다.
- 상하좌우를 4분할 하여 균형 잡힌 글자가 되도록 한다.

**午** 부수 十 총 4획

- 위에서 아래로 쓴다.
- 가로획과 세로획이 겹칠 때는 가로획을 먼저 쓴다.
- '午'를 '牛'로 쓰지 않도록 한다.

**饭** 부수 食 총 7획

- 왼쪽에서 오른쪽으로 쓴다.
- 좌우의 균형을 맞추어 쓴다.
- '饣'은 '食(먹다, 밥 식)'의 간체자이며, 부수 글자로 자주 사용된다. '饣'가 사용되면 먹는 행위와 관련된 의미로 사용된다는 것을 알려 준다. 예 饱, 饿, 饭, 饥, 饮

## 마무리하기

### 1. 학습 내용 정리

수업 내용에 관한 질문을 통해 학생들의 이해도를 점검한다. 학생들이 특히 어려워하는 부분이 어디인지 확인하고, 다시 한 번 짚고 넘어간다.

### 2. 과제 부여

① 본서 48쪽의 '발음 연습'과 '잰말놀이'를 큰 소리로 읽는 연습을 해 오도록 한다.

② 학습한 단어의 뜻과 한어병음이 익숙해질 수 있도록 멀티 CD(TRACK 33)를 반복해서 듣고 오게 한다.

2차시 50~51쪽

학습 목표

- 능력을 나타내는 표현을 말할 수 있다.
- 만족스럽지 않은 상황을 표현할 수 있다.

수업 준비물

교재, 멀티 CD

## 들어가기

**1. 지난 시간 복습**

① 과제를 확인한다.

② 그림 자료나 PPT 등의 시각 자료를 활용하여 지난 차시에 다룬 문화 관련 내용을 확인한다.

**2. 새로 배울 내용 소개**

① 학습 목표를 소개한다.

② 본문의 그림을 보고 어떤 상황인지 유추해 보도록 한다.

## 펼치기

### 一起说 친구들과 대화해요

**1. 단어 확인하기**

① 단어 카드를 활용하여 지난 시간에 학습한 단어를 읽어 보게 한다. 멀티 CD의 단어 플래시를 활용하여 단어를 복습할 수도 있다.

② 교사가 중국어로 단어를 제시하면 학생들은 우리말로 그 단어의 뜻을 말한다.

③ 학생들이 단어의 뜻을 정확하게 이해했다면 교사는 학생들에게 우리말로 단어를 제시하고 중국어로 대답해 보게 한다.

**지도 tip**

교사용 낱글자 단어 카드와 교사용 지도서 뒤에 있는 새 단어 카드를 활용하여 단어 학습을 할 수 있다.
(교사용 낱글자 단어 카드는 http://cafe.naver.com/funchinese/5315 에서 제공)

**2. 녹음 듣고 문장 연습하기**

① 녹음을 들려주고 따라 읽게 한다.

② 문장 단위로 따라 읽게 하고 해석한다.

**본문 해석**

| | |
|---|---|
| 大卫 | 午饭来了！这是什么？<br>점심 왔다! 이건 뭐야? |
| 丽丽 | 这是泡菜。你能吃辣的吗？<br>이건 김치야. 너 매운 거 먹을 수 있니? |
| 大卫 | 当然，我能吃辣的。<br>그럼, 나 매운 거 먹을 수 있어. |
| 丽丽 | 味道怎么样？<br>맛이 어때? |
| 大卫 | 有点儿辣，但是很好吃。<br>조금 맵지만 정말 맛있어. |

### 지도 tip

지난 수업을 통해 학습자는 기본 발음과 단어 학습을 마친 상태이므로, 문장의 의미를 스스로 파악할 수 있는 기회를 제공하여 적극적인 학습 분위기를 조성한다.
고학년이라면, 단어 학습 시 단어 조합으로 미리 만들었던 표현이 있는지 확인하고, 그 표현 중에서 본문에 없는 표현을 다시 한 번 떠올려 볼 수도 있다.

### 지도 tip

'有点儿……但是……' 구문은 실제로 많이 사용될 뿐 아니라 新 HSK와 같은 시험에서도 자주 등장하므로 꼭 기억하도록 지도한다. '有点儿'과 '但是'를 활용한 많은 예문을 연습하여, 구문의 용법이나 뜻에 대해 충분한 이해를 도울 수 있다. 어휘력이 다소 부족한 학습자라면 '有点儿피곤해, '但是 더 놀고 싶어.'처럼 우리말을 섞어서 문장의 난이도를 쉽게 조정하여 제시하고, 학습자가 전체 문장의 뜻을 말해 보도록 한다.
문장이 어느 정도 익숙해졌다면 구문을 완성할 수 있는 몇 개의 표현을 칠판에 제시하고 중국어로 말해 보도록 한다.

③ 교재의 문장을 정확한 발음으로 읽어 보도록 한다.
④ 두 사람씩 짝을 지어 대화문을 연습해 보게 한다. 역할을 바꾸어 가면서 연습하도록 지도하여 반복적인 연습이 지루해지지 않도록 주의한다.
⑤ 간체자만 보고 본문을 읽는 연습을 한다.

### 지도 tip

제4과를 지도할 때 형용사 카드를 활용하여 확장 학습을 할 수 있다. 그림과 한자를 잘라서 코팅한 후 뒷면에 자석을 부착한다. 또는 그림 카드와 한자 카드를 투명 테이프로 연결하면 쉽게 접었다 펼 수 있다.

이해 수준과 학습 능력이 우수한 학습자를 위해 추가적으로 형용사 학습 활동지를 주고 자기가 좋아하거나 배우고 싶은 형용사를 선택하여 익히도록 한다. 학습에 부담이 없는 선에서 학습자 스스로 학습 내용과 분량을 결정하게 한다. 한 시간에 한, 두 개의 단어를 꾸준히 연습하도록 독려한다.

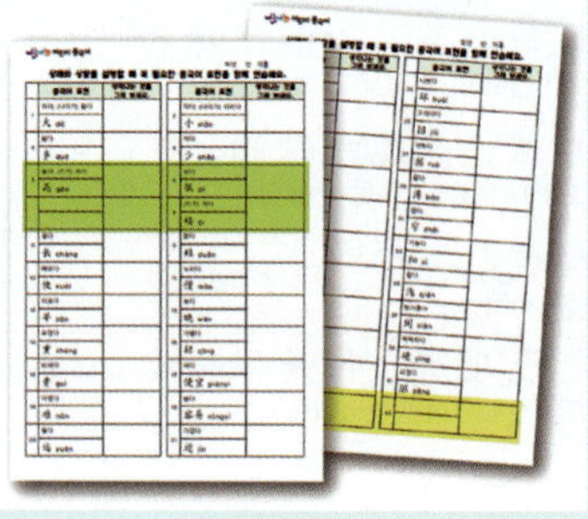

지속적인 노력에 대한 동기 부여와 보상을 하는 방법도 활용할 수 있다. 예를 들어 게시판에 각자 외운 형용사 단어 개수만큼 도장을 찍어 주거나 스티커를 주는 등, 다른 학생에게도 보여 줄 수 있고 스스로 성취감을 느낄 수도 있다.
(활동지는 http://cafe.naver.com/funchinese/7443에서 제공)

**3. 문장 듣고 해석하기**

교사가 읽어 주는 내용을 듣고 우리말로 해석하게 한다.

**4. 해석 듣고 중국어 문장으로 말하기**

① 실제 대화하는 것처럼 자연스럽게 말하도록 지도한다.
② 짝과 함께 회화 내용을 연습하고, 역할을 바꾸어 반복 연습하도록 지도한다.

## 마무리하기

**1. 학습 내용 정리**

학습 내용을 다시 한 번 확인한다. 멀티 CD 회화 애니메이션의 자막을 변경해 가며 회화 내용을 확실히 익혔는지 확인해 볼 수 있다.

**2. 과제 부여**

① 본문을 세 번씩 큰 소리로 읽어 오게 한다.
② 본문의 주요 문장 표현을 암기할 수 있도록 과제를 내준다.

### 지도 tip

실생활에서 배운 내용을 활용하게 하는 것은 중국어 학습의 유용성을 알려 주는 좋은 방법이다. 점심 시간에 매운 음식이 나온 날, 학습한 내용을 다시 한 번 상기시키고 말해 보도록 격려할 수 있다.

3차시 52~53쪽

학습 목표

- '能'을 활용하여 능력을 나타내는 표현을 할 수 있다.
- '有点儿'을 활용하여 만족스럽지 않은 상황을 표현할 수 있다.

수업 준비물

교재, 음성 자료

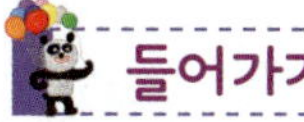

## 들어가기

**1. 지난 시간 복습**

① 과제를 확인한다.

② 지난 차시 학습 내용을 확인한다.

본문 내용을 짚어 보며 문답식으로 물어보거나, OX 퀴즈 형식으로 본문 내용을 확인한다. 상황에 맞는 그림 또는 PPT 자료를 활용하여 학습자의 이해도를 확인한다.

**2. 새로 배울 내용 소개**

① 학습 목표를 소개한다.

② 주제와 관련된 내용을 소개한다.

본문에서 학습한 능력을 나타내는 표현과 불만족스러운 상황을 나타내는 표현을 상기시키면서 일상생활에서 자주 사용할 수 있는 능력을 나타내는 표현과 불만족스러운 상황에 대해 말해 보게 한다.

## 펼치기

### 学一学 차근차근 익혀봐요

**1. '能'을 활용한 능력 표현**

① 녹음을 듣고 정확한 발음으로 따라 읽도록 지도한다.

② 새 단어의 의미를 확인하고 문장으로 연습해 본다.

③ 충분한 연습을 통해 제시된 문장을 자연스럽게 표현할 수 있도록 한다.

> 你能吃辣的吗? 너 매운 거 먹을 수 있니?
>
> 밑줄 친 부분을 바꿔서 말해 봐요!
> 你能吃酸的吗? 너 신 거 먹을 수 있니?
> 你能唱中国歌吗? 너 중국 노래 부를 수 있니?

**지도 tip**

교사가 선행 학습 단어를 동작 힌트로 보여 주고 학습자가 '能……吗?'를 포함한 문형으로 완성하여 말해 볼 수 있도록 지도한다. '能' 뒤에 활용할 수 있는 단어를 찾아 다양하게 바꿔 말하는 연습을 하게 한다. 학생들은 스스로 정확한 중국어 문장으로 말했을 때 만족감과 성취감을 느낄 수 있다. 단, 우리말 해석 '~할 수 있다'의 모든 상황에 '能'을 대입할 수 있는 것은 아니므로 학습자가 어떤 동사를 사용하는지 확인한다.

**2. '有点儿'을 활용하여 불만족스러운 상황 나타내기**

① 녹음을 듣고 정확한 발음으로 따라 읽도록 지도한다.

② 새 단어의 의미를 확인하고 문장으로 연습해 본다.

③ 충분한 연습을 통해 제시된 문장을 자연스럽게 표현할 수 있도록 한다.

> 有点儿辣。 약간 매워요.
>
> 밑줄 친 부분을 바꿔서 말해 봐요!
> 有点儿小。 약간 작아요.
> 有点儿脏。 약간 더러워요.
> 有点儿困。 약간 졸려요.

**지도 tip**

자신이 알고 있는 형용사를 활용한 문형 연습을 통해 '有点儿'이 불만이나 부정적인 어감의 표현과 자주 사용된다는 것을 자연스럽게 기억할 수 있도록 한다.

교구 자료나 주변의 물건을 이용한 연습은 형용사의 의미를 시각적, 청각적으로 함께 구현할 수 있는 효과적인 방법이다. 동작이나 표정 등을 적극적으로 활용하여 다양한 감각으로 언어를 익힐 수 있는 학습 분위기를 조성한다.

어린이 학습자에게 '有点儿'과 '一点儿'을 비교하여 차이를 설명할 필요는 없고, 해당 과에서 다루는 내용만을 충분히 익힐 수 있도록 지도한다.

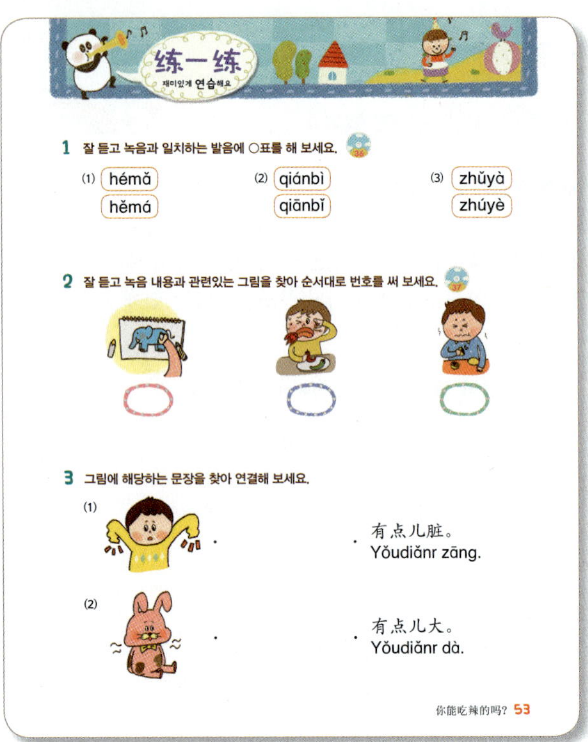


## 练一练 재미있게 연습해요

**1. 녹음과 일치하는 발음 고르기**

① 녹음을 들려준 후, 문제를 풀게 한다.
② 정답을 확인하고, 문제 풀이를 한다.
③ 녹음을 다시 한 번 듣고 따라 읽게 한다.

> **녹음대본**
> (1) hémǎ 河马 하마 (2) qiánbì 钱币 돈, 화폐
> (3) zhúyè 竹叶 대나무 잎

**[정답]** (1) hémǎ (2) qiánbì (3) zhúyè

> **지도 tip**
> 연습 문제를 풀면서 성조를 표기하는 위치에 대해 간단히 정리한다. 문제를 듣기도 전에 이미 학습한 단어 'qiānbǐ'를 정답으로 체크하는 학생이 있을 수 있다. 아는 단어라고 하더라도 주의하여 들어 보며 성조의 위치를 확인해 볼 수 있도록 지도한다.
> 발음과 성조를 잘 모르는 학습자가 있다면 녹음을 듣기 전에, 또는 문제를 풀고 나서 정확한 발음으로 함께 읽어 볼 수 있다.

**2. 녹음과 관련 있는 그림을 찾아 순서대로 번호 쓰기**

① 녹음을 들려준 후, 문제를 풀게 한다.
② 정답을 확인하고, 문제 풀이를 한다.
③ 녹음을 다시 한 번 듣고 따라 읽게 한다.

> **녹음대본**
> (1) 我能吃酸的。Wǒ néng chī suān de. 나는 신 것을 먹을 수 있어.
> (2) 我能画大象。Wǒ néng huà dàxiàng.
> 나는 코끼리를 그릴 수 있어.
> (3) 我能吃辣的。Wǒ néng chī là de. 나는 매운 것을 먹을 수 있어.

**[정답]** 2 - 3 - 1

> **지도 tip**
> 문제를 풀기 전에 그림을 보면서 어떤 내용인지 함께 이야기하고 중국어 문장으로 표현해 본다.
> 다양한 의견이 도출되면 '다르다', '틀렸다' 등의 판단이나 평가를 하기보다는 적극적인 수업 태도와 열린 사고를 칭찬함으로써 학급 구성원들의 수업 참여도를 높일 수 있도록 한다.

**3. 그림과 문장 연결하기**

① 그림과 어울리는 문장을 찾아 연결해 보게 한다.
② 정답을 확인하고, 문제 풀이를 한다.
③ 큰 소리로 문장을 읽어 보게 한다.

> **지도 tip**
> 교사는 학습자에게 추가 문장을 하나 더 제시하고 교재 하단의 빈 공간을 활용하여 문장과 일치하는 그림을 그려 보게 할 수 있다. 교재의 여백은 듣기 이외에도 쓰기 활동을 위한 공간으로 활용할 수 있다.
> 이러한 추가적인 연습은 학습한 문장을 제대로 이해하고 있는지를 확인하는 목적을 갖고 진행한다.

**[정답]**

교재의 연습 문제를 학습한 후, 워크북 문제를 함께 풀어 볼 수 있다. 워크북을 푸는 과정을 통해 학생들에게는 학습한 내용을 한 번 더 확인하는 기회를 제공하고, 교사는 학생들의 이해 정도를 파악하여 필요한 지도를 보충하거나 다음 수업의 난이도를 조정할 수 있다. 워크북의 모든 문제를 풀어 볼 수도 있지만, 필요에 따라 교사가 취사선택하여 풀어 볼 수도 있다.

## 마무리하기

**1. 학습 내용 정리**

① 学一学에서 학습한 내용을 정확히 이해했는지 확인한다.
② 연습 문제에서 학생들이 자주 오류를 범하는 내용에 대해 다시 한 번 정리한다.

**2. 과제 부여**

이번 시간에 학습 내용을 자연스럽게 표현할 수 있도록 연습해 오게 한다.

- 맛을 나타내는 다양한 표현을 할 수 있다.
- 노래를 통해 학습 내용을 숙지하여 중국어 표현 능력을 향상시킬 수 있다.

**수업 준비물**

교재, 멀티 CD

## 들어가기

**1. 지난 시간 복습**

① 과제를 확인한다.

② **学一学**에서 다룬 표현을 함께 읽어 보거나 간단한 질문을 통해 복습한다.

**2. 새로 배울 내용 소개**

① 학습 목표를 소개한다.

② 주제와 관련된 내용을 소개한다.

**지도 tip**

각 맛을 대표하는 음식 사진을 보여 주며 어떤 맛인지 맞혀 보게 하거나, 자신이 좋아하는 맛이 무엇인지 우리말로 발표하게 한다. 사진 자료가 없다면 맛을 대표하는 음식을 예로 들어 맛 표현 단어를 자연스럽게 연습하는 기회를 마련한다.

단어 연습이 어느 정도 진행된 후, '有点儿'을 활용하여 맛을 표현하는 문장을 연습해 본다. 만약 본 과에서 학습한 맛 이외의 표현은 우리말로 말해도 된다. 단, 핵심 표현인 '有点儿'은 반드시 중국어로 말하게 한다.

## 펼치기

**高一高** 실력을 쑥쑥 키워요

- 다양한 맛 표현 익히기

① 교재에 제시된 문장을 큰 소리로 읽고 해석해 본다.

② 맛을 나타내는 단어를 중국어로 정확히 읽어 본다.

**지도 tip**

맛을 나타내는 표현 중 '酸, 甜, 苦, 辣'는 순서대로 외우도록 하는 것이 좋다. '酸, 甜, 苦, 辣'는 맛을 나타내기도 하지만 동시에 사자성어로 활용되어 '세상의 어려움, 온갖 고초'라는 뜻으로 사용되기도 한다.

또한 '酸, 甜, 苦, 辣'는 각 글자의 성조가 각각 제1성, 제2성, 제3성, 제4성이기 때문에 발음과 동시에 성조를 연습하기에도 좋고 기억하기도 쉽다.

또한 단어 카드를 사용하여 맛 표현을 익힐 수 있다. 아래 사진처럼 단어 카드로 사용할 수 있고, 교사용 카드로 활용할 수 있다. 또한 삽화 부분과 한자 부분을 각각 잘라서 코팅한 후 짝 맞추기 게임으로 활용할 수도 있다.

(교구 자료는 http://cafe.naver.com/funchinese/7443에서 제공)

③ 단어 읽기가 익숙해지면, 제시된 문장을 활용하여 바꿔 말하는 연습을 한다.

④ 교재에 제시된 문장이 익숙해지면 '我喜欢吃甜的，我能吃辣的。'와 같이 바꾸어 말하는 연습을 하는 것도 좋은 방법이다.

**보충**

**다양한 맛 표현**

**1. 맛과 관련된 표현**

涩 sè 떫다 | 油腻 yóunì 느끼하다 | 清淡 qīngdàn 담백하다 | 腥 xīng 비리다

**2. 식감과 관련된 표현**

硬 yìng 딱딱하다, 질기다 | 软 ruǎn 연하다, 부드럽다 | 粘糊 niánhu 끈적끈적하다, 찐득찐득하다 | 爽口 shuǎngkǒu 개운하다, 상큼하다 | 脆 cuì 바삭바삭하다, 아삭아삭하다

**3. 특정한 맛이 연상되는 음식 명칭**

- 酸: 醋 cù 식초 | 酸奶 suānnǎi 요구르트 | 橘子 júzi 귤
- 甜: 糖 táng 설탕 | 巧克力 qiǎokèlì 초콜릿 | 蛋糕 dàngāo 케이크
- 苦: 汤药 tāngyào 약 | 咖啡 kāfēi 커피 | 人参 rénshēn 인삼
- 辣: 辣椒 làjiāo 고추 | 炒年糕 chǎoniángāo 떡볶이 | 麻辣烫 málàtàng 마라탕

## 玩一玩 신나게 놀아 봐요

- **노래로 배워요: 다 잘 먹어요!**

본 과의 학습 내용으로 구성된 노래를 연습하면서 학습한 표현이 익숙해지도록 한다. 노래를 통한 연습에서 중국어 성조는 무시되므로 각자 노래를 부르기 전에 정확한 발음으로 문장을 읽어 보게 하고, 성조를 제외한 성모와 운모의 결합 발음에 주의하면서 부르도록 지도한다.

① 노래에 등장하는 새 단어를 학습한다.
② 가사를 정확한 성조로 읽어 본다.

**지도 tip**

교재 하단의 우리말 노래 가사를 보고 학생들이 각 단어의 의미를 스스로 찾아 대답해 보도록 수업을 진행할 수도 있다.

③ 단어의 뜻을 생각하며 함께 해석해 본다.
④ 멜로디에 맞춰 노래를 불러 본다.
⑤ 발음의 숙련도에 따라 속도를 조절하며 노래를 불러 볼 수 있다.

**지도 tip**

맛과 관련된 표현, 음식 명칭이 나오는 부분에서는 간단한 표정이나 손동작을 함께 해 보도록 한다. 이때 어떤 동작이나 표정을 할 것인지 학생들과 함께 정하는 것이 더 좋다. 학생들의 수업 개입 정도는 수업의 참여도와 만족도에 긍정적인 영향을 미친다.

## 마무리하기

**1. 학습 내용 정리**

① 학습한 표현을 우리말로 제시하고 이를 중국어로 말해 보게 한다.
② 다양한 맛을 나타내는 음식 사진 자료를 제시하고 중국어로 대답하게 한다.

**2. 과제 부여**

내가 잘할 수 있는 것이 무엇인지 표현해 보게 하거나, 맛 표현을 활용한 문장을 만들어 보게 한다.

# 5 小心点儿吧。 조심하세요.

## 단원 소개 및 학습 내용

우리나라와 같은 한자로 이루어졌지만 의미가 다른 단어를 알아보고, 이와 관련된 문화를 살펴본다. 동작의 반복을 나타내는 동사 중첩 표현과 '一点儿'을 활용한 정도 표현을 익힌다.

## 단원 학습 목표

1. 제3성+제1성, 제3성+제2성으로 이루어진 단어를 정확하게 읽을 수 있다.
2. 동사의 중첩으로 시간의 짧음이나 시도를 나타낼 수 있다.
3. '一点儿'을 활용하여 경미한 정도를 나타낼 수 있다.

## 단원 지도 계획

| 차시 | 교재 범위 | 학습 단계 | 학습 내용 |
|---|---|---|---|
| 1 | 56~59쪽 | 문화 | 소심해! 흉보는 걸까? 걱정하는 걸까? |
| | | 발음 | 제3성+제1성, 제3성+제2성으로 이루어진 단어 |
| | | 새 단어 | 본문 새 단어 학습<br>쓰기 연습 (给, 疼) |
| 2 | 60~61쪽 | 회화 | 동사 중첩 표현과 '一点儿'을 활용하여 보건 선생님과 대화하기 |
| 3 | 62~63쪽 | 교체 연습 | 동사 중첩을 활용하여 동작의 반복을 나타내기<br>'一点儿'을 활용하여 정도 표현하기 |
| | | 연습 문제 | 발음 및 본문 내용 관련 문제 풀기 |
| 4 | 64~65쪽 | 확장 연습 | 신체 부위를 나타내는 표현 배우기 |
| | | 활동 | 내 친구 도깨비를 소개합니다! |

1차시

56~59쪽

소심(小心)해!
흉보는 걸까? 걱정하는 걸까?

우리나라와 중국은 모두 한자 문화권에 속하기 때문에 비슷한 단어나 표현이 많습니다. 그런데 우리가 사용하는 언어는 항상 같은 모습과 뜻으로 머무는 것이 아니라 시간이 지나면서 조금씩 다르게 변하기도 해요. 그러다 보니 같은 한자로 이루어진 단어임에도 불구하고 의미는 다른 표현들이 생겨났답니다.

예를 들어 우리말에서 '소심(小心)'은 '대담하지 못하고 조심성이 지나치게 많다'는 의미를 갖고 있지만, 중국어에서 '小心 xiǎoxīn'은 '조심하다', '주의하다'라는 뜻을 가진 단어입니다. 이러한 차이는 사소한 오해를 불러일으킬 수도 있기 때문에 주의를 기울여 기억해야 할 필요가 있어요.

**학습 목표**

- 우리나라와 한자는 같지만 의미가 다른 단어를 이해한다.
- 제3성+제1성, 제3성+제2성으로 이루어진 단어를 정확하게 발음할 수 있다.
- 새 단어의 발음과 뜻을 익히고, 획순에 맞게 쓸 수 있다.

**수업 준비물**

교재, 멀티 CD, 단어 카드

## 들어가기

1. 지난 시간 복습
   ① 과제를 확인한다.
   내가 잘 할 수 있는 것이 무엇인지 표현해 보게 하거나, 맛 표현을 활용한 문장을 발표해 보도록 한다.
   ② 본문을 읽어 보거나, 지난 차시 학습 내용을 문답식으로 확인한다.

2. 새로 배울 내용 소개
   ① 그림과 문화 내용을 살펴보면서 이번 단원에서 배울 내용이 무엇인지 유추해 보게 한다.
   ◆ 그림의 상황과 말풍선의 내용을 보며 어떤 상황인지 추측해 보도록 한다.
   ② 새로운 내용을 학습하기에 앞서 가볍게 발음 연습을 하고, 본문 학습 이전에 새 단어를 익혀 보는 시간임을 알려 준다.

## 펼치기

- 문화 소개: 소심해! 흉보는 걸까? 걱정하는 걸까?
  ① 그림과 말풍선을 보고 유추한 상황에 대해 서로 이야기해 보도록 한다.
  ② 본문의 문화 내용을 함께 읽어 본다.
  ◆ 우리말의 '조심하다'는 한자로 '操心'이라고 하는데, 중국어 '操心 cāoxīn'은 '마음을 쓰다, 신경을 쓰다, 걱정하다, 애를 태우다'라는 의미로 사용한다.
  ③ 이번 과에서 배우는 내용과 연관이 있음을 언급하고 수업을 시작한다.

**보충**

**혼동하기 쉬운 비슷한 한-중 표현**

- **한자는 같지만 사용하는 의미가 다른 단어**

洗手 손을 씻다 - 세수 | 消极 소극 - 소극적이다 | 新闻 신문 - 뉴스 | 合同 합동 - 계약서 | 学院 학원 - 단과 대학 | 作业 작업 - 숙제 | 颜色 안색 - 색깔 | 客气 객기 - 사양하다 | 汽车 기차 - 자동차 | 放心 방심 - 안심하다 | 便宜 편의 - 싸다 | 工夫 공부 - 시간 | 先生 선생 - ~ 씨

- **의미는 같지만 글자 순서가 우리말과 반대인 단어**

출연 - 演出 | 계승 - 继承 | 식량 - 粮食 | 열악 - 恶劣 | 운명 - 命运 | 위안 - 安慰 | 형평 - 平衡 | 여과 - 过滤

모든 단어를 예로 제시하기보다는 학습자들의 호기심과 흥미를 유발하기 위한 목적으로 적절히 선별하여 활용한다.
수업 도입부에 활용할 수 있는 '글자는 같지만 의미는 다른 한국어-중국어의 표현'과 관련된 PPT 자료는 http://cafe.naver.com/funchinese/6665에서 활동지와 함께 제공한다.

念一念 자신있게 발음해요

1 리듬에 맞춰서 큰 소리로 따라 읽어 보세요.

qǐfēi shǒujī guǒzhī
wǎncān jiǎndān lǚyóu
qǐchuáng Měiguó nǚrén jiǎnchá

2 리듬에 맞춰서 재미있는 잰말놀이를 해 보세요.

Hóngtōngtōng de tàiyáng luòshān la
Xiǎopéngyǒumen fàngxué huíjiā la
Wānwān de yuèliang guà zài tiān shang la
Zǎo shuì zǎo qǐ zuò ge hǎomèng ba

红彤彤的太阳落山啦
小朋友们放学回家啦
弯弯的月亮挂在天上啦
早睡早起做个好梦吧

58 5과

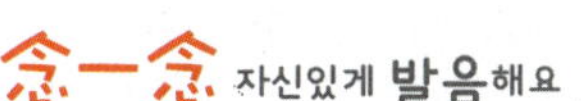

## 念一念 자신있게 발음해요

### 1. 발음 연습

① 녹음을 들려주고 따라 읽게 한다.

起飞　手机　果汁
晚餐　简单　旅游
起床　美国　女人　检查

② 제3성을 비롯하여 제1성과 제2성의 특징을 다시 한 번 확인한 후, 보다 정확하게 발음할 수 있도록 한다.

③ 각 성조를 연습한 후, 제3성과 제1성, 제3성과 제2성이 결합된 발음을 연습한다.

**지도 tip**

제5과의 念一念에 해당하는 단어 카드 활동지를 활용하여 발음을 연습한다.

또한 성조 표기 연습 활동지로 학습자의 성조 파악 정도를 확인할 수 있다. 활동지는 학습자의 수준과 수업의 진도에 따라 적절하게 선택하여 사용하고, 사용법은 게시글을 참고한다.
(활동지는 http://cafe.naver.com/funchinese/7446에서 제공)

**보충**

**제3성+제1성, 제3성+제2성 단어 및 표현**

『신나는 어린이 중국어 ①』, 『신나는 어린이 중국어 ②』, 『신나는 어린이 중국어 ③』 제4과까지 발음 연습 및 연습 문제를 포함하여 노출된 제3성+제1성, 제3성+제2성 단어 및 표현이다.

**· 제3성+제1성**

老师 | 剪刀 | 两天 | 火车 | 手心 | 鼠标 | 饼干 | 语文 | 品德 | 好吃

**· 제3성+제2성**

法国 | 雪人 | 演员 | 粉红色 | 五十 | 草莓 | 炒年糕 | 可能

### 2. 잰말놀이

제5과 본문의 상황과 연결되도록 하교 이후의 상황을 잰말놀이 내용으로 제시하였다. 잰말놀이는 본격적인 본문 학습에 앞서 중국어 말하기에 대한 부담을 줄이기 위한 것이므로 즐거운 분위기에서 연습하는 것이 중요하다.

잰말놀이가 유의미한 발음으로 구성되었음을 드러내기 위해 우측에 한자를 제시하였으나, 학습으로 연결시킬 필요는 없다. 그러나 자주 사용하는 단어의 익히거나 문장 단위로 설명하는 것은 학습자의 흥미와 이해도 수준에 따라 융통성 있게 진행한다.

① 리듬에 맞춰 가볍게 따라 읽게 한다.

② 리듬 노래를 통해서 자연스럽게 발음을 연습하고 전체적인 의미도 파악해 본다.

红彤彤的太阳落山啦
Hóngtōngtōng de tàiyáng luòshān la
새빨간 태양이 지고 있어요

小朋友们放学回家啦
Xiǎopéngyǒumen fàngxué huíjiā la
친구들은 학교 마치고 집으로 가요

弯弯的月亮挂在天上啦
Wānwān de yuèliang guà zài tiān shang la
구부러진 달은 하늘에 걸려있어요

早睡早起做个好梦吧
Zǎo shuì zǎo qǐ zuò ge hǎomèng ba
일찍 자고 일찍 일어나요 좋은 꿈꿔요

③ 연습 정도에 따라 속도를 조절하여 능숙하게 발음할 수 있도록 지도한다.

**지도 tip**

본 과의 잰말놀이는 해가 지는 풍경으로 방과후 집에 오는 상황과 그 후의 밤 풍경을 묘사하고 있다. 학생들의 일상생활과 관련된 표현도 노출되었다. 고학년의 경우 일상생활에서 자주 활용하는 표현인 '放学, 回家, 早睡早起, 做个好梦' 중에서 기억하고 싶은 표현을 선택하고 익혀 보도록 독려할 수 있다. 저학년은 가장 쉬운 한자를 교사가 정해서 익혀 보거나, 어떤 한자를 알고 있는지 스스로 찾아보게 할 수 있다. 이러한 방식은 놀이식으로 접근하여 한자를 집중해서 보면서 한자에 대한 거부감이나 부담감을 덜 느낄 수 있도록 도와준다.

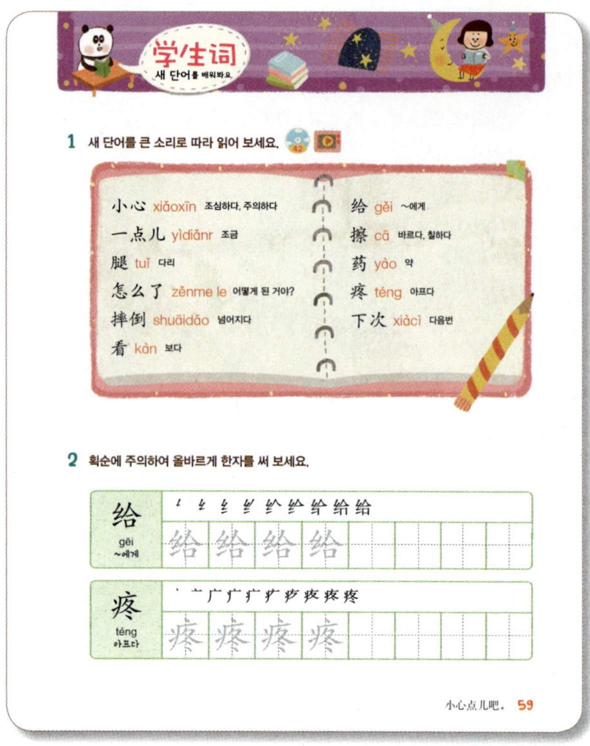

学生词 새 단어를 배워봐요

1 새 단어를 큰 소리로 따라 읽어 보세요.

| | |
|---|---|
| 小心 xiǎoxīn 조심하다, 주의하다 | 给 gěi ~에게 |
| 一点儿 yìdiǎnr 조금 | 擦 cā 바르다, 칠하다 |
| 腿 tuǐ 다리 | 药 yào 약 |
| 怎么了 zěnme le 어떻게 된 거야? | 疼 téng 아프다 |
| 摔倒 shuāidǎo 넘어지다 | 下次 xiàcì 다음번 |
| 看 kàn 보다 | |

2 획순에 주의하여 올바르게 한자를 써 보세요.

给 gěi ~에게

疼 téng 아프다

小心点儿吧。 59

## 学生词 새 단어를 배워봐요 

### 1. 어휘 학습

① 녹음을 듣고 큰 소리로 따라 읽게 한다.

② 단어의 의미와 주의해야 할 발음을 설명한다.

小心 xiǎoxīn 조심하다, 주의하다

一点儿 yìdiǎnr 조금
'一点儿'에서 '一'는 생략할 수 있다. 본문에서는 '一'가 생략된 형태로 제시하고 있다.

腿 tuǐ 다리
'ui'는 'uei'를 표기한 것으로, [-에] 발음이 약하게 남아있다. 'ei'는 불규칙한 발음이므로 다시 한 번 연습한다.

怎么了 zěnme le 어떻게 된 거야?
'了'는 완료의 의미가 아니므로, '怎么了'를 한 단어처럼 연습하여 암기하도록 한다. 한 단어처럼 연습한 표현은 다양한 상황을 제시하고 상황에 따라 그 표현을 적절하게 말할 수 있도록 한다.

摔倒 shuāidǎo 넘어지다
'sh'를 's'로 읽지 않도록 권설음 발음을 확인한다.

看 kàn 보다

给 gěi ~에게
동사로 '~를 주다'의 의미로도 사용된다. 부가적인 설명으로 학습량을 늘리기보다는 각 과에서 다루는 의미를 정확하게 익히도록 한다.

擦 cā 바르다, 칠하다
지나친 권설음 강조로 'c'를 'ch'로 읽지 않도록 주의한다. 적절한 몸동작을 활용하여 의미를 직관적으로 이해할 수 있도록 효과적으로 지도한다.

药 yào 약

疼 téng 아프다

下次 xiàcì 다음 번

**보충**

**有点儿 VS 一点儿**

'有点儿'은 불만족스러운 상황에서 사용되지만, '一点儿'은 객관적인 상황이나 비교의 상황에서 사용되며, 상황에 대한 주관적인 느낌은 약하다. 문장 내 위치를 기준으로 살펴보면 '有点儿'은 '有点儿＋동사/형용사'의 형태로 사용하고, '一点儿'은 '동사/형용사＋一点儿'의 형태로 사용한다.

③ 녹음을 다시 듣고 따라 읽게 한다.

### 2. 쓰기 연습

① 교사는 제시된 단어를 칠판에 쓰면서 획순을 알려 준다.

② 획순에 주의하여 학생 스스로 써 보도록 한다.

③ 학생들이 잘못 쓰는 글자를 다시 한 번 짚어 준다.

④ 학생이 칠판 앞으로 나와서 교사가 지정해 준 한자를 필순에 맞게 써 보고 발음해 보도록 한다.

⑤ 워크북의 쓰기 연습에서는 '小心, 看, 下次'를 연습한다.

给 부수 纟 총 9획

• 왼쪽에서 오른쪽으로 쓴다.

疼 부수 疒 총 10획

• 윤곽을 나타내는 '疒'를 먼저 쓴다.

##  마무리하기

### 1. 학습 내용 정리

수업 내용에 관한 질문을 통해 학생들의 이해도를 점검한다. 학생들이 특히 어려워하는 부분이 어디인지 확인하고, 다시 한 번 짚고 넘어간다.

### 2. 과제 부여

① 본서 58쪽의 '발음 연습'과 '잰말놀이'를 큰 소리로 읽는 연습을 해 오도록 한다.

② 학습한 단어의 뜻과 한어병음이 익숙해질 수 있도록 멀티 CD(TRACK 42)를 반복해서 듣고 오게 한다.

**학습 목표**

- 동작 표현의 중첩으로 시도의 의미를 표현할 수 있다.
- '一点儿'을 활용하여 경미한 정도를 나타내는 표현을 할 수 있다.

**수업 준비물**

교재, 멀티 CD

## 들어가기

**1. 지난 시간 복습**

① 과제를 확인한다.

② 그림 자료나 PPT 등의 시각 자료를 활용하여 지난 차시에 다룬 문화 관련 내용을 확인한다.

**2. 새로 배울 내용 소개**

① 학습 목표를 소개한다.

② 본문의 그림을 보고 어떤 상황인지 유추해 보도록 한다.

## 펼치기

### 一起说 친구들과 대화해요

**1. 단어 확인하기**

① 단어 카드를 활용하여 지난 시간에 학습한 단어를 읽어 보게 한다. 멀티 CD의 단어 플래시를 활용하여 단어를 복습할 수도 있다.

② 교사가 중국어로 단어를 제시하면 학생들은 우리말로 그 단어의 뜻을 말한다.

③ 학생들이 단어의 뜻을 정확하게 이해했다면, 교사는 학생들에게 우리말로 단어를 제시하고 중국어로 대답해 보게 한다.

> **지도 tip**
>
> 교사용 낱글자 단어 카드와 교사용 지도서 뒤에 있는 새 단어 카드를 활용하여 단어 학습을 할 수 있다.
> (교사용 낱글자 단어 카드는 http://cafe.naver.com/funchinese/5315 에서 제공)

**2. 녹음 듣고 문장 연습하기**

① 녹음을 들려주고 따라 읽게 한다.

② 문장 단위로 따라 읽게 하고 해석한다.

> **본문 해석**
>
> 老师 你的腿怎么了?
> 네 다리 어떻게 된 거니?
>
> 丽丽 老师，我摔倒了。
> 선생님, 저 넘어졌어요.
>
> 老师 我看看。我给你擦药。
> 좀 보자. 네게 약을 발라 줄게.
>
> 老师 现在怎么样? 疼吗?
> 지금은 어떠니? 아프니?
>
> 丽丽 不疼，谢谢老师。
> 아프지 않아요. 고맙습니다, 선생님.
>
> 老师 下次小心点儿吧。
> 다음에는 조심하거라.

### 지도 tip

본문의 내용을 나타내는 그림을 꼼꼼히 살펴보게 한다. 제5과의 高一高에서는 신체 부위 단어를 확장 학습 내용으로 제공하고 있다. 본문 그림에서 보건실 침대에 앉아 있는 남학생은 어디가 아픈 것 같은지, 리리 옆의 판다는 어디를 다쳤는지 등을 물어보며 어떤 문장을 만들 수 있을지 사전에 학습자가 스스로 유추해 볼 수 있도록 한다. 더 알고 싶은 표현이 있다면 무엇이 있는지 간단히 물어보고, 학습이 진행된 이후에 추가적으로 다룰 수도 있다. 실생활에서 활용할 수 있는 표현임을 인지시키고 활용도를 높일 수 있도록 독려한다.

③ 교재의 문장을 정확한 발음으로 읽어 보도록 한다.
④ 두 사람씩 짝을 지어 대화문을 연습해 보게 한다. 역할을 바꾸어 가면서 연습하도록 지도하여 반복적인 연습이 지루해지지 않도록 주의한다.
⑤ 간체자만 보고 본문을 읽는 연습을 한다.

**3. 문장 듣고 해석하기**

교사가 읽어 주는 내용을 듣고 우리말로 해석하게 한다.

**4. 해석 듣고 중국어 문장으로 말하기**

① 실제 대화하는 것처럼 자연스럽게 말하도록 지도한다.
② 짝과 함께 회화 내용을 연습하고, 역할을 바꾸어 반복 연습하도록 지도한다.

### 지도 tip

실제로 학교에서 학생이 다쳐서 보건실에서 치료 받는 상황은 자주 일어나므로, 더욱 실질적인 연습이 될 수 있도록 역할을 분담하여 말하기 연습을 하는 것도 좋다.
현실에서 자주 일어나는 상황은 학습 내용에 대한 몰입도를 높일 수 있으므로 읽기 연습을 하더라도 실제 상황인 것처럼 가정하고 진행한다.
현장감과 사실감을 높이기 위해 PPT로 배경을 보건실로 만들거나, 자투리 시간을 활용하여 상황에 어울리는 교실 배치를 하여 모둠별로 발표를 하고, 칭찬 도장이나 상점을 주는 방식으로 본문을 좀 더 잘 기억할 수 있게 한다.
교사는 학생들이 발표하는 것을 동영상으로 찍고, 그 영상을 교실 TV나 슬라이드를 통해 함께 보면서 피드백하는 방식으로 진행할 수 있다. 이는 보편화된 멀티미디어를 활용하여 학습자의 흥미를 유발할 수 있다. 또한 친구들이 발표하는 모습을 보는 과정은 학습 내용의 노출 빈도를 높여 또 다른 언어 입력 과정을 제공하는 것으로 이해될 수 있다.
일반적으로 역할극은 학습 내용의 강화 단계에서 진행한다. 따라서 모든 학습이 이루어진 후 내용을 공고히 하는 마무리 단계에서 활용한다.

## 마무리하기

**1. 학습 내용 정리**

학습 내용을 다시 한 번 확인한다. 멀티 CD 회화 애니메이션의 자막을 변경해 가며 회화 내용을 확실히 익혔는지 확인해 볼 수 있다.

**2. 과제 부여**

① 본문을 세 번씩 큰 소리로 읽어 오게 한다.
② 자주 사용할 것 같은 핵심 문장 2개 정도를 암기해 오도록 한다.

### 지도 tip

지금까지 배웠던 동사 표현을 다시 한 번 복습하면서 동사 중첩 표현을 연습할 때 단어 카드를 활용한다. 단어 카드는 그림과 한자가 모두 한 번에 보이는 플래시 카드 형식으로 코팅할 수도 있고, 그림 부분과 한자 부분을 분리해서 각각 코팅을 한 후 수업에 활용할 수도 있다. 분리해서 코팅하는 경우에는 짝 맞추기, 그림 보고 단어 말하기, 단어 보고 동작으로 표현하거나 무슨 단어인지 발음 또는 단어의 의미 말하기 등 보다 다양한 방식으로 활용할 수 있다.
교사가 교구를 제작할 때, 학습 내용과 자신의 교수법에 적합한 교구의 형태가 무엇인지, 어떤 크기로 만들 것인지 등을 세심히 고려하여 만들고, 그 교구를 활용하여 설정한 학습 목표를 수월하게 달성하고 학습 효과가 높아질 수 있도록 한다.

(교구 자료는 http://cafe.naver.com/funchinese/7446에서 제공)

3차시 62~63쪽

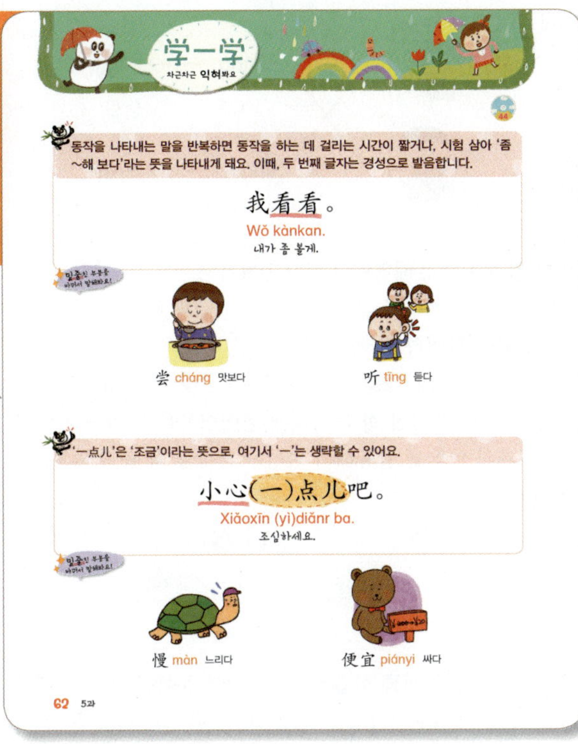
学一学 차근차근 익혀봐요

동작을 나타내는 말을 반복하면 동작을 하는 데 걸리는 시간이 짧거나, 시험 삼아 '좀 ~해 보다'라는 뜻을 나타내게 돼요. 이때, 두 번째 글자는 경성으로 발음합니다.

我看看。
Wǒ kànkan.
내가 좀 볼게.

尝 cháng 맛보다
听 tīng 듣다

'一点儿'은 '조금'이라는 뜻으로, 여기서 '一'는 생략할 수 있어요.

小心(一)点儿吧。
Xiǎoxīn (yì)diǎnr ba.
조심하세요.

慢 màn 느리다
便宜 piányi 싸다

62 5과

## 학습 목표

- 동사 중첩 표현을 활용하여 동작의 시도 표현을 말할 수 있다.
- '一点儿'을 활용하여 정도를 표현할 수 있다.

## 수업 준비물

교재, 음성 자료

## 들어가기

**1. 지난 시간 복습**

① 과제를 확인한다.

② 지난 차시 학습 내용을 확인한다.
본문 내용을 짚어 보며 문답식으로 확인하거나, 상황에 맞는 그림 또는 PPT 자료를 활용하여 확인한다.

**2. 새로 배울 내용 소개**

① 학습 목표를 소개한다.

② 주제와 관련된 내용을 소개한다.

## 펼치기

学一学 차근차근 익혀봐요

**1. 동사 중첩 표현**

① 녹음을 듣고 정확한 발음으로 따라 읽도록 지도한다.

② 새 단어의 의미를 확인하고 큰 소리로 읽어 본다.

③ 충분한 연습을 통해 제시된 문장을 자연스럽게 표현할 수 있도록 한다.

> 我看看。 내가 좀 볼게.
>
> 밑줄 친 부분을 바꿔서 말해 봐요!
> 我尝尝。 내가 좀 맛볼게.
> 我听听。 내가 좀 들어 볼게.

**지도 tip**

단음절 동사의 중첩을 소개한다. AA 형식은 A一A 형식으로 바꾸어 말할 수도 있다. 배웠던 동사 중 단음절 동사를 기억해 보고 동사 중첩 연습을 진행한다. 문법적인 설명보다는 반복 연습을 통해 자연스럽게 이해할 수 있도록 돕는다.

예 看看 = 看一看 | 尝尝 = 尝一尝 | 听听 = 听一听

동사 뒤에 '一下(儿)'를 붙여도 같은 의미가 된다.

예 看看 = 看一看 = 看一下(儿)

고학년의 경우, 2음절 동사 AB의 중첩 형식이 ABAB임을 소개하고 연습할 수 있다. 동사를 두 번 반복하여 말하도록 지도하면 쉽게 이해할 수 있다.

예 学习 → 学习学习

2음절 동사 뒤에 '一下(儿)'를 붙여도 같은 의미가 된다.

예 学习学习 = 学习一下(儿)

**2. '一点儿'을 활용한 정도 표현**

① 녹음을 듣고 정확한 발음으로 따라 읽도록 지도한다.

② 새 단어의 의미를 확인하고 큰 소리로 읽어 본다.

③ 충분한 연습을 통해 제시된 문장을 자연스럽게 표현할수 있도록 한다.

> 小心(一)点儿吧。 조심하세요.
>
> 밑줄 친 부분을 바꿔서 말해 봐요!
> 慢(一)点儿吧。 천천히 하세요.
> 便宜(一)点儿吧。 깎아 주세요.

**지도 tip**

'一点儿'을 포함한 회화 표현을 연습한다. '快点儿, 安静点儿, 大声点儿, 多吃点儿'과 같이 실생활에서 자주 사용할 수 있는 표현을 상황에 맞게 사용함으로써 경험을 통해 표현이 익숙해질 수 있도록 자주 말해 준다.

**보충**

**동사 중첩을 할 수 없는 동사**

모든 동사를 중첩할 수 있는 것은 아니다. 동사 중첩을 할 수 없는 경우는 다음과 같다.

1. 존재 동사 예 有 | 在
2. 심리 동사 예 喜欢 | 爱
3. 지각 동사 예 知道 | 觉得 | 认识

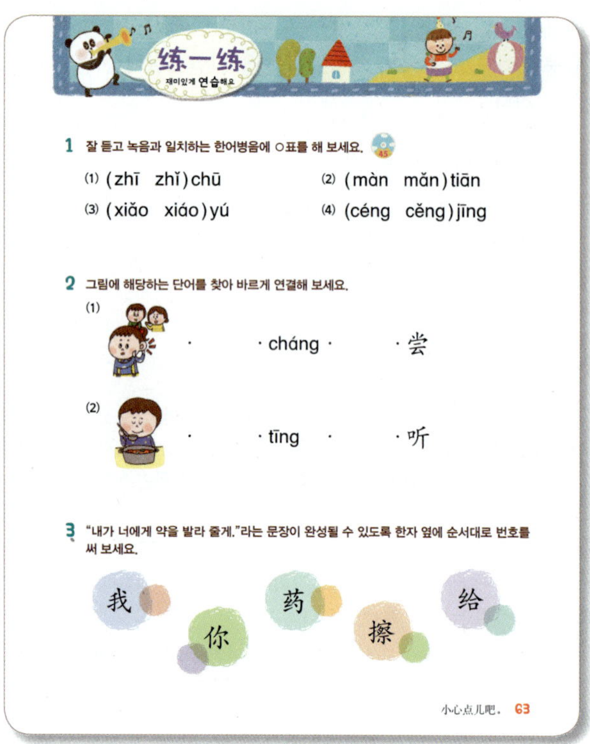

练一练 재미있게 연습해요

1 잘 듣고 녹음과 일치하는 한어병음에 ○표를 해 보세요.

(1) (zhī zhǐ) chū (2) (màn mǎn) tiān
(3) (xiǎo xiáo) yú (4) (céng cěng) jīng

2 그림에 해당하는 단어를 찾아 바르게 연결해 보세요.

(1) · · cháng · · 尝
(2) · · tīng · · 听

3 "내가 너에게 약을 발라 줄게."라는 문장이 완성될 수 있도록 한자 옆에 순서대로 번호를 써 보세요.

我 你 药 擦 给

小心点儿吧。 63

## 练一练 재미있게 연습해요

### 1. 녹음과 일치하는 한어병음 찾기

① 녹음을 들려준 후, 문제를 풀게 한다.

② 정답을 확인하고, 문제 풀이를 한다.

③ 녹음을 다시 한 번 듣고 따라 읽게 한다.

제3성+제1성 또는 제3성+제2성 단어를 연습한다. 실제 단어의 조합을 예로 다루었다. 'céngjīng'은 제2성+제1성의 조합으로, 'zh, ch, x, c' 등 쉽게 혼동되는 발음도 다시 한 번 짚어 보고, 반3성 연습을 충분히 할 수 있는 문제로 구성하였다.

◆ 제3성을 바르게 읽을 수 있도록 지도한다.

**녹음대본**

(1) zhǐchū 指出 지적하다, 가리키다 (2) mǎntiān 满天 온 하늘
(3) xiǎoyú 小鱼 작은 물고기 (4) céngjīng 曾经 일찍이, 이미

**[정답]** (1) zhǐchū (2) mǎntiān (3) xiǎoyú (4) céngjīng

### 2. 그림에 해당하는 단어 찾아 연결하기

① 그림을 보고 문제를 풀게 한다.

② 정답을 확인하고, 문제 풀이를 한다.

◆ 그림을 먼저 보고 어떤 단어가 문제로 나올 것인지 말해 보게 한다. (2)의 그림을 보고 '吃'를 떠올린다면 '吃'와 '尝'의 의미 차이를 간단히 알려 준다. 단어의 뜻을 설명할 때 적절한 동작을 함께 보여 주는 것도 좋다.

**[정답]**

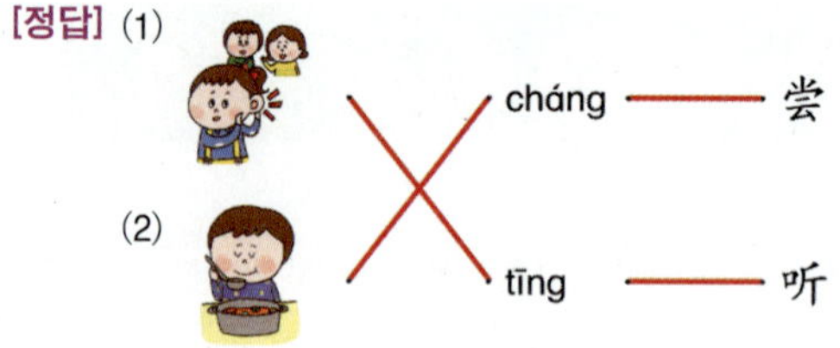


### 3. 한자를 순서대로 배열하여 문장 만들기

① 어순을 고려하여 필요한 단어를 고르게 한다.

② 정답을 확인하고, 문제 풀이를 한다.

'내가 너에게 약을 발라 줄게.'를 중국어로 기억하는지 확인한다. 또한 제시된 한자 아래에 한어병음을 써 보게 할 수도 있다. 교재의 여백을 활용해서 완성된 문장을 써 볼 수도 있다.

**[정답]**

교재의 연습 문제를 학습한 후, 워크북 문제를 함께 풀어 볼 수 있다. 워크북을 푸는 과정을 통해 학생들에게는 학습한 내용을 한 번 더 확인하는 기회를 제공하고, 교사는 학생들의 이해 정도를 파악하여 필요한 지도를 보충하거나 다음 수업의 난이도를 조정할 수 있다. 워크북의 모든 문제를 풀어 볼 수도 있지만, 필요에 따라 교사가 취사선택하여 풀어 볼 수도 있다.

## 마무리하기

### 1. 학습 내용 정리

① 学一学에서 학습한 내용을 정확히 이해했는지 확인한다.

② 연습 문제에서 학생들이 자주 오류를 범하는 내용에 대해 다시 한 번 정리한다.

### 2. 과제 부여

이번 시간에 학습 내용을 자연스럽게 표현할 수 있도록 연습해 오게 한다.

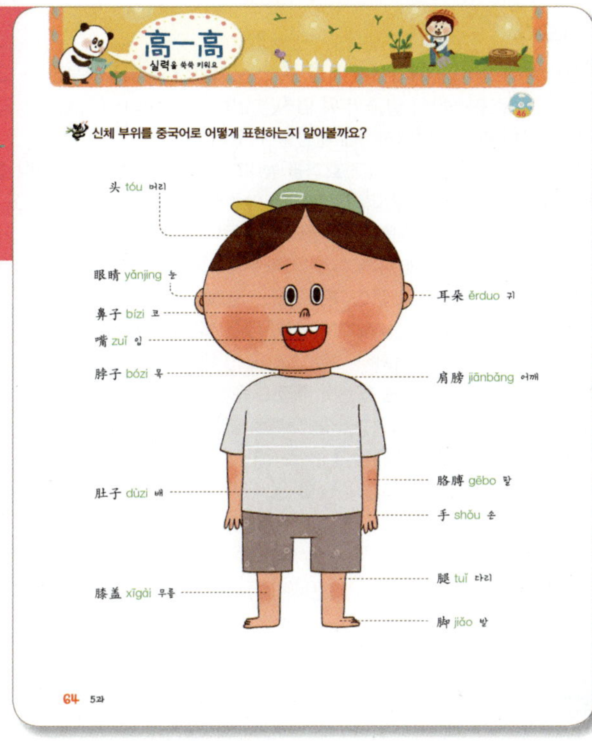

## 학습 목표

- 신체 부위를 나타내는 표현을 말할 수 있다.
- 활동을 통해 학습 내용을 숙지하여 중국어 표현 능력을 향상시킬 수 있다.

## 수업 준비물

교재, 멀티 CD

## 들어가기

**1. 지난 시간 복습**

① 과제를 확인한다.

② 学一学에서 다룬 표현을 함께 읽어 보거나 간단한 질문을 통해 복습한다.

**2. 새로 배울 내용 소개**

① 학습 목표를 소개한다.

② 주제와 관련된 내용을 소개한다.

최근에 아프거나 다쳤던 경험이 있는지 묻고, 어느 부위였는지 말해 보게 한다. 본문에서 학습한 신체 부위 외에 다양한 신체 부위를 나타내는 표현을 학습할 것임을 알려 준다.

## 펼치기

### 高一高 실력을 쑥쑥 키워요

- **신체 부위 표현하기**

① 각 신체 부위를 나타내는 표현들을 정확하게 읽어 본다.

**지도 tip**

신체 부위를 나타내는 표현 중, 뒤 음절이 경성인 단어(귀, 눈, 목, 배, 팔)에 유의하여 발음하도록 한다.

새로운 단어를 소개하고 학습할 때 무작위로 학습 내용을 배열하기보다는 각 부위별로 나누어서 학습할 수 있도록 한다. 예를 들어 얼굴 부분의 단어를 먼저 살펴보고, 어느 정도 익숙해지면 다른 신체 부위를 학습한다거나 위에서 아래로 신체 부위의 위치에 따라 연습한다거나, 또는 학생들과 어떤 단어를 먼저 외울 것인지를 정한 후 순차적으로 지도한다.

② 각 신체 부위를 나타내는 표현들을 잘 기억할 수 있도록 반복하여 읽거나 모둠별 암기 시간을 준다.

③ 단어 학습에 익숙해지면 본문 문장을 활용하여 바꾸어 말하는 연습을 해 본다.

**지도 tip**

신체 부위를 나타내는 단어가 비교적 많아서 학습자에게 부담을 준다면 필요에 따라 자주 사용하는 단어를 우선적으로 학습하게 한다.

'머리, 어깨, 무릎, 발' 노래를 중국어로 배워 보고 게임으로 진행한다. 중국어로 활용하여 연습하면 자연스럽게 단어를 암기할 수 있다.

단어를 다 외우지 못해서 활동이나 게임에 함께 어울리지 못하는 학생이 없도록 교사는 교실 곳곳에 관련 자료를 제시하거나, 책을 보면서 할 수 있도록 게임 진행 방식의 수준을 조절한다.

신체 부위 명칭 카드는 해당 신체 부위를 화살표로 가리키는 유형과 화살표로 가리키지 않는 유형으로 두 종류가 있다. 인쇄를 할 때 '두 쪽씩 모아 찍기'를 하면 일반적인 교사용 카드 크기와 비슷한 A4 용지 1/2 크기로 쓸 수 있는데, 만약 대단위 학급이거나, 크게 사용하고 싶다면 한 쪽씩 출력해서 사용한다.

(교구 자료는 http://cafe.naver.com/funchinese/6670에서 제공)

**보충**

**다양한 신체 부위 표현**

眉毛 méimao 눈썹 | 额头 étou 이마 | 牙齿 yáchǐ 치아 | 鼻孔 bǐkǒng 콧구멍 | 面颊 miànjiá 뺨 | 肚脐 dùqí 배꼽 | 大腿 dàtuǐ 허벅지 | 小腿 xiǎotuǐ 종아리 | 脚后跟 jiǎohòugēn 발꿈치 | 胳膊肘 gēbozhǒu 팔꿈치 | 嘴唇 zuǐchún 입술 | 舌头 shétou 혀

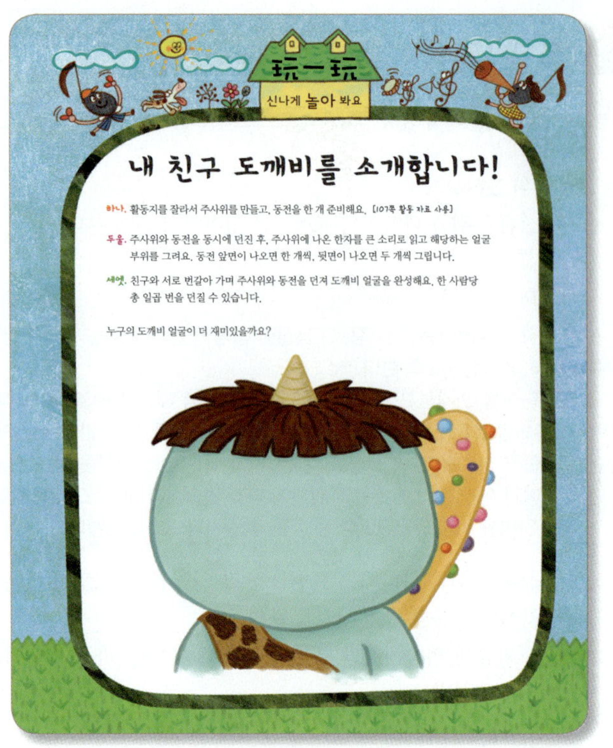


## 玩一玩 신나게 놀아 봐요

- 내 친구 도깨비를 소개합니다!

① 교재 107쪽의 활동지를 잘라서 주사위를 만들고 동전을 준비하게 한다.

② 주사위와 동전을 동시에 던진다. 주사위에 나온 한자를 큰 소리로 읽고 해당하는 얼굴 부위를 도깨비의 얼굴에 그려 넣는다. 또한 동전의 앞면이 나오면 해당 부위 한 개를 그리고, 뒷면이 나오면 두 개를 그리게 한다.

③ 위와 같은 방법으로 한 사람당 총 일곱 번의 주사위를 던져 도깨비 얼굴을 완성한다.

◆ 도깨비 얼굴을 완성한 후, 숫자와 양사를 활용하여 '两个鼻子, 三个眼睛'와 같이 말하거나, '它有…, 鬼怪(guǐguài 도깨비)有…'등 완전한 문장으로 말하는 연습을 할 수도 있다.

### 지도 tip

신체 부위 명칭을 재미있게 익힐 수 있는 다양한 게임을 활용한다. '코코코 게임'을 활용하여 얼굴 부위 명칭을 연습할 수 있다. '네 박자 게임'도 특정 신체 부위를 연습하는데 활용할 수 있다.

게임 및 활동을 활용한 기대 효과를 높이기 위해서는 해당 게임이나 활동의 규칙을 학습자가 잘 이해하고 있어야 한다. 실제로 저학년의 경우 '네 박자 게임(아이엠그라운드)'을 몰라서 활동의 진행이 어려울 수 있다. 이런 경우 우리말로 '네 박자 게임'을 자투리 시간마다 연습해서 게임의 규칙을 익히도록 하고, 게임이 어느 정도 익숙해지면 중국어로 진행한다. 게임이 복잡할 필요는 없다. '머리-어깨-무릎-발' 노래의 특정 신체 부위를 말하지 않고 박수를 치거나 아무 소리도 안 내도록 간단한 규칙을 적용하는 것만으로도 학생들은 충분히 즐겁고 유쾌하게 연습할 수 있다.

저학년은 촉감을 자극할 수 있는 도깨비 인형도 만들어 함께 꾸미면서 숫자와 얼굴 부위 명칭을 연습할 수 있다.

수업에서 활용할 수 있는 간단한 몇 가지 게임은 http://cafe.naver.com/funchinese/6667, http://cafe.naver.com/funchinese/6668, http://cafe.naver.com/funchinese/6669에서 제공한다.

(교구 자료는 http://cafe.naver.com/funchinese/7446에서 제공)

## 마무리하기

**1. 학습 내용 정리**

① 학습한 표현을 우리말로 제시하고 이를 중국어로 말해 보게 한다.

② 다양한 신체 부위를 나타내는 사진을 제시하고 적합한 표현을 중국어로 대답하게 한다.

**2. 과제 부여**

신체 부위를 나타내는 표현을 외워 오거나 자신의 혹은 친구의 얼굴을 그리고 신체 부위 표현을 써 오는 과제를 부여한다.

# 6 感冒好点儿了吗? 감기는 좀 괜찮아졌니?

## 단원 소개 및 학습 내용

중국어의 해음 현상을 알아보고, 이와 관련된 선물 금기 문화에 대해 살펴본다. 또한, '多了'를 활용하여 정도의 심화를 나타내는 표현과 두 개의 동작이 연달아 일어나는 연동문 표현을 익힌다.

## 단원 학습 목표

1. 제3성+제3성, 제3성+제4성으로 이루어진 단어를 정확하게 읽을 수 있다.
2. '多了'를 활용하여 정도의 심화를 나타낼 수 있다.
3. 연달아 발생하는 두 개의 동작을 한 문장으로 말할 수 있다.

## 단원 지도 계획

| 차시 | 교재 범위 | 학습 단계 | 학습 내용 |
|---|---|---|---|
| 1 | 66~69쪽 | 문화 | 주고서도 원망 받는 선물?! |
| | | 발음 | 제3성+제3성, 제3성+제4성으로 이루어진 단어 |
| | | 새 단어 | 본문 새 단어 학습<br>쓰기 연습 (上课, 放心) |
| 2 | 70~71쪽 | 회화 | 정도의 심화 표현과 연동문을 활용하여 병문안 상황에서 대화하기 |
| 3 | 72~73쪽 | 교체 연습 | '多了'를 활용하여 정도의 심화 표현하기<br>연동문 형식 표현하기 |
| | | 연습 문제 | 발음 및 본문 내용 관련 문제 풀기 |
| 4 | 74~75쪽 | 확장 연습 | 병원에서 사용하는 표현 배우기 |
| | | 활동 | 노래로 배워요: 즐거운 하교길 |

**학습 목표**

- 중국어의 해음 현상과 관련된 선물 금기 문화에 대해 이해한다.
- 제3성+제3성, 제3성+제4성으로 이루어진 단어를 정확하게 발음할 수 있다.
- 새 단어의 발음과 뜻을 익히고, 획순에 맞게 쓸 수 있다.

**수업 준비물**

교재, 멀티 CD, 단어 카드

## 들어가기

**1. 지난 시간 복습**

① 과제를 확인한다.

② 신체를 나타내는 표현, 동사 중첩 표현 등 학습 내용을 문답식으로 확인한다.

**2. 새로 배울 내용 소개**

① 그림과 문화 내용을 살펴보면서 이번 단원에서 배울 내용이 무엇인지 유추해 보게 한다.

◆ 선물을 주고 받는 상황을 나타내는 각 그림을 보며 각각 어떤 선물이며, 받는 사람들의 기분이 어떠해 보이는지 이야기해 보도록 한다.

② 새로운 내용을 학습하기에 앞서 가볍게 발음 연습을 하고, 본문 학습 이전에 새 단어를 익혀 보는 시간임을 알려 준다.

## 펼치기

- 문화 소개: 주고서도 원망 받는 선물?!

① 우리나라에서는 일반적으로 병문안이나 집들이를 갈 때 어떤 선물을 하는지 서로 이야기해 보도록 한다.

② 본문의 문화 내용을 함께 읽어 본다.

③ 이번 과에서 배우는 내용과 연관이 있음을 언급하고 수업을 시작한다.

**지도 tip**

중국의 선물 문화는 우리나라와 달라서 상대방이 선물을 받고 기분이 나쁜 선물이 있다. 수업 도입부에 PPT 자료를 활용하여 중국인의 선물에 대해서 학습한다. PPT 자료는 http://cafe.naver.com/funchinese/6666 에서 제공한다.

**보충**

### 해음(谐音) 현상

'해음'이란 서로 다른 두 개의 글자의 발음이 같거나 비슷해서 말하는 사람이 전달하려는 의미와 연상되는 의미 사이에 차이가 존재하는 현상을 말한다. 우리나라의 동음이의어와 비슷한 해음 현상은 중국인의 언어와 사고 방식이 반영되어 금기로 여기는 여러 가지 문화적인 요소가 형성되어 있으며, 일상생활에서도 쉽게 찾아볼 수 있다.

'四와 死', '钟과 终', '伞과 散', '梨와 离'는 안 좋은 의미가 연상되기 때문에 되도록 피하고, '酒와 久', '六와 流', '苹果와 平安'은 좋은 의미가 연상되어 좋아한다.

해음 현상의 개념을 설명하는 것은 어린이 학습자가 이해하기 어려우므로, 예시를 충분히 들어 주며 소개하는 정도로 한다.

念一念 자신 있게 발음해요

1 리듬에 맞춰서 큰 소리로 따라 읽어 보세요.

dǎsǎo shǒubiǎo xǐzǎo biǎoyǎn

zhěnglǐ yǐhòu yǎnjing

kǎoshì bǐsài xiǎngniàn

2 리듬에 맞춰서 재미있는 잰말놀이를 해 보세요.

Dīdidādā xiǎo yǔdiǎn

Diào zài xiǎotù bízijiānr

Xiǎotù, xiǎotù, nǐ kuài pǎo

Duǒ yǔ duǒ dào wǒ jiā lái

滴滴答答小雨点
掉在小兔鼻子尖儿
小兔，小兔，你快跑
躲雨躲到我家来

68 6과

## 念一念 자신있게 발음해요

### 1. 발음 연습

① 녹음을 들려주고 따라 읽게 한다.

打扫　手表　洗澡　表演

整理　以后　眼睛

考试　比赛　想念

② 제3성과 제4성의 특징을 다시 한 번 확인한 후, 보다 정확하게 발음할 수 있도록 한다.

③ 각 성조를 연습한 후, 제3성과 제3성, 제3성과 제4성이 결합된 발음을 연습한다.

**지도 tip**

제6과의 念一念에 해당하는 단어 카드 활동지를 활용하여 발음을 연습한다.

또한 성조 표기 연습 활동지로 학습자의 성조 파악 정도를 확인할 수 있다. 활동지는 학습자의 수준과 수업의 진도에 따라 적절하게 선택하여 사용하고, 사용법은 게시글을 참고한다.
(활동지는 http://cafe.naver.com/funchinese/7446에서 제공)

**보충**

**제3성+제3성, 제3성+제4성 단어 및 표현**

『신나는 어린이 중국어 ①』, 『신나는 어린이 중국어 ②』, 『신나는 어린이 중국어 ③』 제5과까지 발음 연습 및 연습 문제를 포함하여 노출된 제3성+제3성, 제3성+제4성 단어 및 표현이다.

· 제3성+제3성

你好 | 小狗 | 剪纸 | 彩纸 | 彩笔 | 雨伞 | 几点 | 两点 | 五点 | 九点 | 洗手间 | 水果 | 老虎 | 小小 | 短短 | 洗手 | 有点儿

· 제3성+제4성

紫色 | 两次 | 五块 | 比萨 | 可乐 | 宠物 | 可爱 | 马上 | 体育 | 美术 | 午饭 | 感冒

④ 우리말에 없는 발음 또는 영어와 표기는 같지만 발음이 다른 경우는 특히 주의하여 집중적으로 연습할 수 있도록 한다.

### 2. 잰말놀이

제6과 본문의 상황과 연결되도록 비 오는 날 토끼의 모습을 잰말놀이 내용으로 제시하였다. 잰말놀이는 본격적인 본문 학습에 앞서 중국어 말하기에 대한 부담을 줄이기 위한 것이므로 즐거운 분위기에서 연습하는 것이 중요하다.

잰말놀이가 유의미한 발음으로 구성되었음을 드러내기 위해 우측에 한자를 제시하였으나, 학습으로 연결시킬 필요는 없다. 그러나 자주 사용하는 단어의 익히거나 문장 단위로 설명하는 것은 학습자의 흥미와 이해도 수준에 따라 융통성 있게 진행한다.

① 리듬에 맞춰 가볍게 따라 읽게 한다.

② 리듬 노래를 통해서 자연스럽게 발음을 연습하고 전체적인 의미도 파악해 본다.

滴滴答答小雨点
Dīdidādā xiǎo yǔdiǎn
똑똑똑똑 보슬비

掉在小兔鼻子尖儿
Diào zài xiǎotù bízijiānr
토끼의 코 끝에 똑 떨어졌어요

小兔，小兔，你快跑
Xiǎotù, xiǎotù, nǐ kuài pǎo
토끼야 토끼야 빨리 달려가

躲雨躲到我家来
Duǒ yǔ duǒ dào wǒ jiā lái
비를 피해 우리 집까지 오렴

**지도 tip**

제3성이 많이 있는 잰말놀이이다. '儿'이 없는 '点'으로 제시했는데, 상황에 따라 '点'과 '点儿'의 발음을 연습해 볼 수 있다. 의성어 '滴滴答答'가 있는데, 『신나는 어린이 중국어 ⑥』 제3과에서 더 많은 의성어 표현을 학습할 수 있다.
의성어나 의태어, 동작을 나타내는 동사나 상태를 나타내는 형용사 중에서 가능한 것은 신체를 활용하여 표현하면서 연습할 수 있도록 지도한다.

③ 연습 정도에 따라 속도를 조절하여 능숙하게 발음할 수 있도록 지도한다.

## 学生词 새 단어를 배워봐요

### 1. 어휘 학습

① 녹음을 듣고 큰 소리로 따라 읽게 한다.
② 단어의 의미와 주의해야 할 발음을 설명한다.

**感冒** gǎnmào 감기, 감기에 걸리다
'感冒'는 명사뿐 아니라 동사로도 사용된다. 앞서 배운 '조심하다'는 뜻의 '小心'을 사용하여 감기 조심하라는 표현을 학습하는 것도 좋다.

**阿姨** āyí 아주머니, 이모

**进来** jìnlai 들어오다

**朋友** péngyou 친구
'朋友'가 단독으로 쓰일 때 '友'는 경성으로 읽지만 '小朋友'와 같이 '朋友' 앞에 글자가 있으면 원래 성조인 'péngyǒu'로 읽는다.

**好多了** hǎo duō le 많이 좋아졌다
형용사 뒤에 '多了'를 사용하여 '많이~해지다'는 의미를 나타낸다.

**上课** shàngkè 수업을 듣다, 수업을 하다
학생의 입장에서는 수업을 듣는 것으로, 교사의 입장에서는 수업을 하는 것으로 모두 사용할 수 있다.
'sh' 발음을 'x'나 's'로 발음하지 않도록 주의 한다.

**放心** fàngxīn 안심하다
한자를 그대로 읽으면 방심이라는 의미가 되지만, '放心'이 '놓다 방(放)'이라는 글자에 착안하여 마음을 놓는 것 즉 '안심하다'의 의미로 사용됨을 알려 준다.

③ 녹음을 다시 듣고 따라 읽게 한다.

### 2. 쓰기 연습

① 교사는 제시된 단어를 칠판에 쓰면서 획순을 알려 준다.
② 획순에 주의하여 학생 스스로 써 보도록 한다.
③ 학생들이 잘못 쓰는 글자를 다시 한 번 짚어 준다.
④ 학생이 칠판 앞으로 나와서 교사가 지정해 준 한자를 필순에 맞게 써 보고 발음해 보도록 한다.
⑤ 워크북의 쓰기 연습에서는 '感冒, 进来, 朋友'를 연습한다.

**上** 부수 一 총 3획

• 위에서 아래로, 왼쪽에서 오른쪽으로 쓴다.

丨 ⺊ 上

**课** 부수 言 총 10획

• '讠'은 상대적으로 작게 쓴다.
• '果'는 '田'과 '木'의 결합으로 오해하지 말고, '日'를 쓴 후 그 위에 크게 '木'을 쓰도록 한다.

丶 讠 讠 讠 讠 讠 讠 课 课 课

**放** 부수 攵 총 8획

• 왼쪽에서 오른쪽으로 쓴다.
• 세 번째 획과 네 번째 획의 순서를 바꾸어 쓰지 않도록 한다.

丶 亠 方 方 方 方 放 放

**心** 부수 心 총 4획

• 왼쪽에서 오른쪽으로 쓴다
• 세 번째 획과 네 번째 획의 점을 너무 길게 쓰거나 서로 같은 위치에 쓰지 않도록 한다.

丶 心 心 心

## 마무리하기

### 1. 학습 내용 정리

수업 내용에 관한 질문을 통해 학생들의 이해도를 점검한다. 학생들이 특히 어려워하는 부분이 어디인지 확인하고, 다시 한 번 짚고 넘어간다.

### 2. 과제 부여

① 본서 68쪽의 '발음 연습'과 '잰말놀이'를 큰 소리로 읽는 연습을 해 오도록 한다.
② 학습한 단어의 뜻과 한어병음이 익숙해질 수 있도록 멀티 CD(TRACK 49)를 반복해서 듣고 오게 한다.

2차시 70~71쪽

**학습 목표**

- 정도의 심화를 나타내는 표현을 할 수 있다.
- 연달아 발생하는 두 개의 동작을 한 문장으로 말할 수 있다.

**수업 준비물**

교재, 멀티 CD

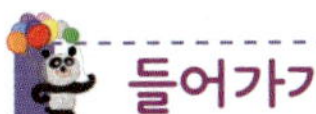

## 들어가기

**1. 지난 시간 복습**

① 과제를 확인한다.

② 그림 자료나 PPT 등의 시각 자료를 활용하여 지난 차시에 다룬 문화 관련 내용을 확인한다.

**2. 새로 배울 내용 소개**

① 학습 목표를 소개한다.

② 본문의 그림을 보고 어떤 상황인지 유추해 보도록 한다.

## 펼치기

### 一起说 친구들과 대화해요

**1. 단어 확인하기**

① 단어 카드를 활용하여 지난 시간에 학습한 단어를 읽어 보게 한다. 멀티 CD의 단어 플래시를 활용하여 단어를 복습할 수도 있다.

② 교사가 중국어로 단어를 제시하면 학생들은 우리말로 그 단어의 뜻을 말한다.

③ 학생들이 단어의 뜻을 정확하게 이해했다면, 교사는 학생들에게 우리말로 단어를 제시하고 중국어로 대답해 보게 한다.

> **지도 tip**
>
> 교사용 낱글자 단어 카드와 교사용 지도서 뒤에 있는 새 단어 카드를 활용하여 단어 학습을 할 수 있다.
> (교사용 낱글자 단어 카드는 http://cafe.naver.com/funchinese/5315 에서 제공)

**2. 녹음 듣고 문장 연습하기**

① 녹음을 들려주고 따라 읽게 한다.

② 문장 단위로 따라 읽게 하고 해석한다.

**본문 해석**

| | |
|---|---|
| 惠敏，大卫 | 阿姨好!<br>아주머니, 안녕하세요! |
| 东海的妈妈 | 快进来! 东海，你的朋友们来啦!<br>어서 들어오렴! 동해야, 네 친구들 왔다! |
| 大卫 | 东海，感冒好点儿了吗?<br>동해야, 감기는 좀 괜찮아졌니? |
| 东海 | 好多了。谢谢你们。<br>많이 좋아졌어. 고마워, 얘들아. |
| 惠敏 | 明天你能去学校上课吗?<br>너 내일 학교 가서 수업 들을 수 있겠어? |
| 东海 | 当然能去，放心吧。<br>당연히 갈 수 있지. 걱정하지 마. |

### 지도 tip

한 문장에 두 개 이상의 동사가 있는 문장을 '연동문'이라고 한다. 특히 첫 번째 동사가 '来'나 '去'일 경우, '두 번째 동사를 하기 위해 오다/가다'라고 해석하는 경우가 많다. 단, 어린이 학습자에게 연동문을 설명할 때는 쉽게 이해시키기 위해 '사건이 발생한 순서'를 잘 생각해 보고, 순서대로 단어를 배열하면 중국어 문장이 된다라고 도움을 줄 수 있으므로, 본문 '明天你能去学校上课吗?'의 해석을 '내일 너 수업 들으러 학교에 갈 수 있겠어?' 대신 '너 내일 학교 가서 수업 들을 수 있겠어?'라고 제시하였다.

### 지도 tip

우유갑을 사용하여 주사위 교구를 만들어 연동문을 연습할 수 있다.
주사위는 우유갑 대신 딱딱한 스펀지로도 만들 수 있다. 주사위는 단어를 코팅한 후, 적당한 크기로 잘라 양면테이프로 삼면을 둘러 부착한다. 벨크로 테이프를 사용하여 붙이면 테이프 부착 면 때문에 중앙 부분이 볼록해진다.
주사위 3개를 만들고, 완성된 주사위를 서로 다른 색으로 포장한 후, 하나의 주사위에는 동일한 주제의 단어 또는 구를 넣는다. 위 그림을 예로 들면 빨간색은 시간, 연두색은 장소, 노란색은 동작(행위) 표현으로 6면을 채웠다.
교사는 칠판에 빨간색-연두색-노란색 이라고 쓰거나, 색종이를 순서대로 붙이고, 학생들이 주사위를 굴리면 칠판에 붙여 있는 순서대로 말해 보도록 한다.
주사위의 조합이 말이 안 되는 이상한 문장을 만들어낼 수도 있다. 논리적인 문장을 만드는 것이 아니라, 해당 표현을 빠르게 중국어로 구사하는 연습을 위한 교구이다. 학생들 스스로 주사위를 굴리며 즐거운 분위기에서 활동을 진행할 수도 있다.
주사위에는 반드시 한자를 쓸 필요는 없다. 한글로 표현을 적고, 한글을 보고 중국어로 말할 수 있도록 격려하는 것이 좋다.
만년 주사위를 만드는 과정은 http://cafe.naver.com/funchinese/8222에서, 만년 주사위 활용법은 http://cafe.naver.com/funchinese/8223에서 제공한다.

③ 교재의 문장을 정확한 발음으로 읽어 보도록 한다.
④ 두 사람씩 짝을 지어 대화문을 연습해 보게 한다. 역할을 바꾸어 가면서 연습하도록 지도하여 반복적인 연습이 지루해지지 않도록 주의한다.
⑤ 간체자만 보고 본문을 읽는 연습을 한다.

### 지도 tip

교사는 학생들의 질문에 대비하여 '啊'의 변음 원리에 대해서 충분히 이해하고 있어야 하지만, 수업 시간에 반드시 소개할 필요는 없다. 설명이 필요한 경우가 생기면 발음의 편의를 고려하여 탄력적으로 변화한다는 것을 언급하면 충분하다.

### 보충

#### 어기조사 '啊'의 다양한 발음

다양한 어기조사를 사용하는 중국어의 특징을 느낄 수 있도록 본문 문장에 '啦'를 사용했다.
어기조사 '啊'는 그 앞 음절의 종성에 어떤 발음이 오는지에 따라 발음이 변하게 되는데, 표기는 변화한 발음을 나타내기 위해 사용하는 것에 불과하며 다른 의미상의 차이는 없다. 대표적인 발음의 변화 규칙은 아래와 같다.
(1) a, o, e, i, u, ü, ie + 啊 = ya 呀
(2) ao, iao + 啊 = wa 哇
(3) n + 啊 = na 哪
그러나 이 단어들은 일상생활에서 자주 사용되지 않기 때문에 최근에는 편의를 위해 '啊'로 통일해서 쓰고 발음을 자연스럽게 하는 추세이다.

**3. 문장 듣고 해석하기**

교사가 읽어 주는 내용을 듣고 우리말로 해석하게 한다.

**4. 해석 듣고 중국어 문장으로 말하기**

① 실제 대화하는 것처럼 자연스럽게 말하도록 지도한다.
② 짝과 함께 회화 내용을 연습하고, 역할을 바꾸어 반복 연습하도록 지도한다.

### 지도 tip

본문의 그림을 보면서 함께 자유롭게 대화를 나눌 수 있다. 『신나는 어린이 중국어 ②』에서 배웠던 '你想吃包子吗?', '好啊! 我喜欢吃包子。' 문장에 다른 과일 명칭을 넣어 말해 볼 수 있다. 또한 '发烧, 流鼻涕, 咳嗽'처럼, 감기 증상과 관련된 중국어 표현을 추가적으로 연습할 수 있다. 이때 몸 동작과 함께 외우면 기억하기 더 쉽다.
추가로 알려 주는 내용에 대해서 간체자 표기까지 너무 완벽하게 기억하게 하기보다는, 동작과 함께 표현을 제시하며 발음에 익숙해지고, 발음을 듣고 어떤 의미인지 분별할 수 있도록 한다. 새로운 표현을 익숙한 문장에 넣어 자주 들려줌으로써 학습한 내용을 공고히 할 수 있도록 한다. 학습자는 결과에 대한 부담감을 느끼지 않고도 교재의 내용 이외의 내용을 하나 더 배웠다는 즐거움을 느끼고 지속적인 학습 동기를 유지할 수 있다.

## 마무리하기

**1. 학습 내용 정리**

학습 내용을 다시 한 번 확인한다. 멀티 CD 회화 애니메이션의 자막을 변경해 가며 회화 내용을 확실히 익혔는지 확인해 볼 수 있다.

**2. 과제 부여**

① 본문을 세 번씩 큰 소리로 읽어오게 한다.
② 자주 사용할 것 같은 핵심 문장 2개 정도를 암기해 오도록 한다.

3차시 72~73쪽

学一学 차근차근 익혀봐요

상태를 나타내는 말 뒤에 '多了'를 붙이면 원래의 상태보다 '(훨씬) 더 ~해졌다'는 뜻이 돼요.

好多了。
Hǎo duō le.
많이 좋아졌어요.

高 gāo 높다　健康 jiànkāng 건강하다　简单 jiǎndān 간단하다

'~에 가서 ~하다'라는 표현은 먼저 '去' 뒤에 장소를 말하고, 장소 다음에 동작을 나타내는 표현을 넣어 나타낼 수 있어요.

我去学校上课。
Wǒ qù xuéxiào shàngkè.
나는 학교에 가서 수업을 들어요.

去图书馆 qù túshūguǎn 도서관에 가다　借书 jiè shū 책을 빌리다
去邮局 qù yóujú 우체국에 가다　寄信 jì xìn 편지를 부치다

72 6과

학습 목표

- '多了'를 활용하여 정도의 심화를 나타낼 수 있다.
- 두 개의 동작을 연달아 사용하여 하나의 문장으로 말할 수 있다.

수업 준비물

교재, 음성 자료

## 들어가기

**1. 지난 시간 복습**

① 과제를 확인한다.
② 지난 차시 학습 내용을 확인한다.
본문 내용을 짚어 보며 문답식으로 확인하거나, 상황에 맞는 그림 또는 PPT 자료를 활용하여 확인한다.

**2. 새로 배울 내용 소개**

① 학습 목표를 소개한다.
② 주제와 관련된 내용을 소개한다.

## 펼치기

### 学一学 차근차근 익혀봐요

**1. '多了'를 활용하여 정도의 심화 나타내기**

① 녹음을 듣고 정확한 발음으로 따라 읽도록 지도한다.
② 새 단어의 의미를 확인하고 문장으로 연습해 본다.
③ 충분한 연습을 통해 제시된 문장을 자연스럽게 표현할 수 있도록 한다.

> 好多了。 많이 좋아졌어요.
>
> 밑줄 친 부분을 바꿔서 말해 봐요!
> 高多了。 많이 높아졌어요.
> 健康多了。 많이 건강해졌어요.
> 简单多了。 많이 간단해졌어요.

**2. 연이어 나타나는 동작 표현하기**

① 녹음을 듣고 정확한 발음으로 따라 읽도록 지도한다.
② 새 단어의 의미를 확인하고 문장으로 연습해 본다.
③ 충분한 연습을 통해 제시된 문장을 자연스럽게 표현할 수 있도록 한다.

> 我去学校上课。 나는 학교에 가서 수업을 들어요.
>
> 밑줄 친 부분을 바꿔서 말해 봐요!
> 我去图书馆借书。 나는 도서관에 가서 책을 빌려요.
> 我去邮局寄信。 나는 우체국에 가서 편지를 부쳐요.

**지도 tip**

연동문을 연습할 때는 사건이나 동작의 발생 순서대로 말하도록 한다. 성인 학습자 대상인 경우 '동사2를 하기 위해 동사1에 간다'는 목적적 용법으로 해석을 하지만, 개념을 이해하기 쉽지 않은 저학년의 경우, 처음부터 문법적으로 구문을 자세히 설명하기보다는 상황별로 자주 사용할 수 있는 표현 자체를 연습해 보도록 한다.

**보충**

**연동문**

한 문장에 두 개 이상의 동사(구)가 연달아 나오는 문장을 연동문이라고 한다.
동작의 순서, 목적, 방식 등을 나타내는 연동문의 기본적인 유형은 아래와 같다.
(1) 동작이나 행위가 순서대로 나타나는 연동문
예 弟弟吃了饭就睡觉。 남동생은 밥을 먹자마자 잠들었다.
(2) 두 번째 동사(구)가 첫 번째 동사(구)의 목적을 나타내는 연동문
예 我去医院看病。 나는 진찰 받으러 병원에 간다.
(3) 첫 번째 동사(구)가 두 번째 동사(구)의 수단, 방식을 나타내는 연동문
예 我骑自行车去学校。 나는 자전거를 타고 학교에 간다.
(4) 첫 번째 동사(구)에 '有'나 '没有'를 사용하여 목적어를 보충 설명하는 연동문
예 我有(没有)时间看电影。 나는 영화 볼 시간이 있다(없다).

## 练一练 재미있게 연습해요

### 1. 녹음과 일치하는 발음 표시하기

① 녹음을 들려준 후, 문제를 풀게 한다.
② 정답을 확인하고, 문제 풀이를 한다.
③ 녹음을 다시 한 번 듣고 따라 읽게 한다.

**녹음대본**

(1) tiānshǐ 天使 천사 (2) jiēshí 结实 열매를 맺다
(3) shǎnliàng 闪亮 번쩍이다 (4) kǒngjù 恐惧 겁먹다, 두려워하다

**[정답]** (1) ○ (2) × (3) × (4) ○

◆ 2음절 단어를 듣고 성조를 정확하게 구분할 수 있는지 확인하는 문제이다. 발음은 같지만 성조가 달라 의미가 달라지는 예를 제시하고, 각기 다른 성조를 비교 대조하여 연습하도록 하는 것도 좋다.

예 结实 jiēshì - 解释 jiěshì
闪亮 shǎnliàng - 善良 shànliáng

◆ 문제를 풀면서 성조의 올바른 표기 위치도 다룰 수 있다. 권설음, 권설음 뒤의 'i' 발음 변화(ian이나 ie와 같은 불규칙 발음), ju 발음(j, q, x 뒤에 오는 ü 발음 등을 다시 한 번 설명하면서 정리할 수 있다.

### 2. 한자 보고 한어병음 배열하기

① 한자와 그림을 보고 의미를 생각해 보게 한다.
② 한어병음을 바르게 배열해 보게 한다.
③ 정답을 확인하고 큰 소리로 읽어 보게 한다.

**[정답]** (1) gǎnmào (2) jìnlai

**지도 tip**

문제를 풀기 전에 다시 한 번 복습하는 시간을 가질 수 있다. 처음부터 교사가 힌트를 주기보다는 그림이 어떤 상황인지 학생 스스로 우리말로 표현해 보도록 한다. 연습을 진행하거나 문제를 만들 때 결합 운모는 반드시 하나로 다루어야 한다.

### 3. 녹음 내용과 일치하는 스티커 붙이기

① 문장을 잘 듣고 의미를 파악하게 한다.
② 내용과 일치하는 스티커를 붙여 보게 한다.
③ 붙인 스티커를 보고 중국어로 표현해 보게 한다.

**지도 tip**

시간 표현을 함께 복습하고, 연동문을 구성하기 위한 기본 동사 표현도 다시 한 번 살펴본다. 이해 수준이 낮은 학생이라면 '도서관에 가서 책을 빌리다, 학교에 가서 수업을 듣다, 슈퍼마켓에 가서 물건을 사다'와 같은 표현을 알려 주고 문제 풀이에 대한 부담을 낮춰 준다. 학습자의 이해 수준에 따라 연습 단위를 더 작게 나눠서 진행할 수도 있다.

**녹음대본**

(1) Zǎoshang bā diǎn wǒ qù xuéxiào shàngkè.
早上八点我去学校上课。
아침 여덟 시에 나는 학교에 가서 수업을 들어.

(2) Xiàwǔ liǎng diǎn wǒ qù túshūguǎn jiè shū.
下午两点我去图书馆借书。
오후 두 시에 나는 도서관에 가서 책을 빌려.

(3) Wǎnshang qī diǎn bàn wǒ qù chāoshì mǎi dōngxi.
晚上七点半我去超市买东西。
저녁 일곱 시 반에 나는 슈퍼마켓에 가서 물건을 사.

**[정답]** (1)

오전 8시

(2)

오후 2시

(3)

저녁 7시 30분

교재의 연습 문제를 학습한 후, 워크북 문제를 함께 풀어 볼 수 있다. 워크북을 푸는 과정을 통해 학생들에게는 학습한 내용을 한 번 더 확인하는 기회를 제공하고, 교사는 학생들의 이해 정도를 파악하여 필요한 지도를 보충하거나 다음 수업의 난이도를 조정할 수 있다. 워크북의 모든 문제를 풀어 볼 수도 있지만, 필요에 따라 교사가 취사선택하여 풀어 볼 수도 있다.

## 마무리하기

### 1. 학습 내용 정리

① 学一学에서 학습한 내용을 정확히 이해했는지 확인한다.
② 연습 문제에서 학생들이 자주 오류를 범하는 내용에 대해 다시 한 번 정리한다.

### 2. 과제 부여

이번 시간에 학습 내용을 자연스럽게 표현할 수 있도록 연습해 오게 한다.

4차시 74~75쪽

### 학습 목표

- 병원에서 사용하는 표현을 말할 수 있다.
- 노래를 통해 학습 내용을 숙지하여 중국어 표현 능력을 향상시킬 수 있다.

### 수업 준비물

교재, 멀티 CD

## 들어가기

**1. 지난 시간 복습**

① 과제를 확인한다.

② 学一学에서 다룬 표현을 함께 읽어 보거나 간단한 질문을 통해 복습한다.

**2. 새로 배울 내용 소개**

① 학습 목표를 소개한다.

② 주제와 관련된 내용을 소개한다.

아파서 병원에 가 본 경험이 있는지 서로 이야기해 본다. 혹은 감기에 걸렸을 때 병원에 가서 어떻게 하는지 과정을 하나씩 이야기해 보며 이와 관련된 표현을 중국어로 익힐 것임을 예고한다.

## 펼치기

### 高一高 실력을 쑥쑥 키워요

- **병원 진료 순서**

① 그림으로 제시된 상황을 순서대로 이해하게 한다.

② 단어를 차례대로 정확하게 읽어 보고 의미를 파악한다.

③ 의미를 기억하며, 표현을 큰 소리로 읽어 보게 한다.

**지도 tip**

병원 진료 순서에 대해 간단하게 소개하고 있다. 학생들이 알만한 간단한 표현과 들어 보지 못했던 생소한 표현이 함께 섞여 있기 때문에 비교적 어려운 표현은 간체자와 한어병음을 함께 제시하였다.

'두 쪽씩 모아 찍기'를 하면 A4 용지 1/2 크기로, 일반적인 교사용 카드 크기와 비슷한데, 만약 대단위 학급이고 크게 사용하고 싶다면 한 쪽씩 출력해서 교사용 카드로 쓰지 않고 간단한 걸개식 자료로 만들 수 있다.

(교구 자료는 http://cafe.naver.com/funchinese/7446에서 제공)

**지도 tip**

'量体温(체온을 재다)'의 '量' 발음이 'liáng'으로 제시되었다. '量'은 '수량, 용량' 등의 뜻으로 쓰이면 'liàng'으로 발음하지만, 동사로 '재다, 측정하다, 무게를 달다' 등의 뜻으로 쓰이면 'liáng'으로 발음한다. 어린이 중국어 교재에서 '量'을 단독으로 쓰는 경우는 거의 없으므로, 성조가 다르게 발음되는 경우를 따로 설명할 필요는 없다. '量体温'을 하나의 단어처럼 연습할 수 있도록 한다.

**보충**

**병원의 종류**

儿科 érkē 소아과 | 内科 nèikē 내과 | 外科 wàikē 외과 | 眼科 yǎnkē 안과 | 牙科 yákē 치과 | 骨科 gǔkē 정형외과 | 皮肤科 pífūkē 피부과 | 妇产科 fùchǎnkē 산부인과 | 五官科 wǔguānkē 이비인후과 | 整形外科 zhěngxíng wàikē 성형외과

**지도 tip**

함께 연습한 노래를 수업을 마칠 때 들려주거나 함께 부르는 테마송으로 활용하는 것도 좋은 방법이다.
'收拾书包(가방을 챙기다)', '同学(함께 공부하는 친구), '同桌(같이 앉는 짝꿍)'와 같은 표현은 수업 시간이나 실생활에서 꾸준히 활용할 수 있도록 한다.

## 마무리하기

**1. 학습 내용 정리**

① 학습한 표현을 우리말로 제시하고 이를 중국어로 말해 보게 한다.
② 학습한 내용과 관련된 다양한 사진을 제시하고 적합한 표현을 중국어로 대답하게 한다.

**2. 과제 부여**

병원에 갔던 경험이나 상황을 설정하여 간단히 그림을 그리고 중국어 표현을 써 보도록 한다.

## 玩一玩 신나게 놀아 봐요

• **노래로 배워요: 즐거운 하교길**

하굣길의 상황을 배경으로 한 노래를 통해 간단한 표현을 익히고 즐겁게 학습할 수 있도록 한다. 노래를 통한 연습에서 중국어 성조는 무시되므로, 성조를 제외한 성모와 운모의 결합 발음에 주의하면서 부르도록 지도한다.

① 노래에 등장하는 새 단어를 학습한다.

| | | |
|---|---|---|
| 铃声 | língshēng | 종 소리, 방울 소리 |
| 叮当 | dīngdāng | 땡땡(쇠붙이·옥 등이 부딪힐 때 나는 맑은 소리) |
| 响 | xiǎng | 소리가 나다, 소리를 내다 |
| 收拾 | shōushi | 꾸리다, 치우다, 정돈하다 |
| 同桌 | tóngzhuō | 짝, 짝꿍 |

② 가사를 정확한 성조로 읽어 본다.
③ 단어의 뜻을 생각하며 해석해 보도록 한다.
학생들이 단어의 뜻을 어느 정도 기억한다면 교재 하단의 해석을 보지 않고 문장의 의미를 스스로 파악해 보는 기회를 준다. 한정된 정보를 바탕으로 해당 문장이 전달하는 메시지를 추측하는 연습은 사고력 확장에 도움이 된다.
④ 음악에 맞춰 노래를 불러 본다.
⑤ 발음의 숙련도에 따라 속도를 조절하며 노래를 불러 볼 수 있다.

# 7 明天天气怎么样? 내일 날씨 어때요?

## 단원 소개 및 학습 내용

중국의 기후에 대해 알아보고, 하이난다오와 하얼빈의 서로 다른 기후 특색에 대해 이해한다. '有的'를 활용하여 사람이나 사물의 일부를 표현하고, '太……了'를 활용한 강조 표현을 익힌다.

## 단원 학습 목표

1. 제4성+제1성, 제4성+제2성으로 이루어진 단어를 정확하게 읽을 수 있다.
2. '有的'를 활용하여 사람이나 사물의 일부를 표현할 수 있다.
3. '太……了'를 활용하여 강조 표현을 할 수 있다.

## 단원 지도 계획

| 차시 | 교재 범위 | 학습 단계 | 학습 내용 |
|---|---|---|---|
| 1 | 76~79쪽 | 문화 | 따뜻한 겨울? 시원한 여름? |
| | | 발음 | 제4성+제1성, 제4성+제2성으로 이루어진 단어 |
| | | 새 단어 | 본문 새 단어 학습<br>쓰기 연습 (天气, 说) |
| 2 | 80~81쪽 | 회화 | 현장 학습과 날씨에 관한 대화하기 |
| 3 | 82~83쪽 | 교체 연습 | '有的'를 활용하여 사람이나 사물의 일부 표현하기<br>'太……了'를 활용하여 강조 표현하기 |
| | | 연습 문제 | 발음 및 본문 내용 관련 문제 풀기 |
| 4 | 84~85쪽 | 확장 연습 | 다양한 날씨 표현 배우기 |
| | | 활동 | 내가 기상 캐스터 |

## 학습 목표

- 중국의 기후에 대해 알아보고, 서로 다른 기후 특색을 지닌 하이난다오와 하얼빈에 대해 이해한다.
- 제4성+제1성, 제4성+제2성으로 이루어진 단어를 정확하게 발음할 수 있다.
- 새 단어의 발음과 뜻을 익히고, 획순에 맞게 쓸 수 있다.

## 수업 준비물

교재, 멀티 CD, 단어 카드

## 들어가기

**1. 지난 시간 복습**

① 과제를 확인한다.
② 본문을 대화 형식으로 읽는 연습을 통해 지난 시간 학습 내용을 확인한다.

**2. 새로 배울 내용 소개**

① 그림과 문화 내용을 살펴보면서 이번 단원에서 배울 내용이 무엇인지 유추해 보게 한다.
② 새로운 내용을 학습하기에 앞서 가볍게 발음 연습을 하고, 본문 학습 이전에 새 단어를 익혀 보는 시간임을 알려 준다.

## 펼치기

- 문화 소개: 따뜻한 겨울? 시원한 여름?

① 사계절이 분명하고, 지역 차가 크지 않은 우리나라와 달리, 중국은 국토가 넓어 다양한 기후를 보인다는 것을 설명한다.

### 지도 tip

중국의 지역별 기후를 한 눈에 볼 수 있는 간단한 그림이나 사진 자료를 사용하면 학습자들이 쉽게 이해할 수 있다.
그림 또는 사진 자료에서 우리나라가 어디쯤 위치하는지 찾아보고, 우리나라가 어떠한 기후대에 속하는지 비교해 볼 수 있다. 또한 중국의 기후 또는 지역별 특징을 소개하는 동영상을 검색해 수업 시간에 활용할 수도 있다.

보충

### 중국의 기후

중국은 전체적으로 사계절이 뚜렷한 계절풍 기후의 특징이 있다. 그러나 영토가 커서 지역별로 다양한 기후대가 분포한다. 먼저 북쪽에서 남쪽으로 한온대, 온대, 아열대, 열대 순으로 위도에 따라 기후대가 다르게 나타나며, 남북의 기온 차가 큰 편이다.
중국의 최남단인 하이난다오는 1월의 평균기온이 21도를 웃도는 대표적 열대 지역이며, 광둥(广东), 윈난(云南)도 열대 기후를 보인다. 화남 지역은 여름에는 열대 기후처럼 덥고 습하며 겨울에는 온난한 아열대성 기후를 띠고 있다. 화중 지역은 온난 기후대에 속하고 허베이 평야부터 동북 3성까지는 계절에 따라 기온차가 큰 냉온대 기후 지역이다.

② 본문의 문화 내용을 함께 읽어 본다.
③ 이번 과에서 배우는 내용과 연관이 있음을 언급하고 수업을 시작한다.

念一念 자신 있게 발음해요

1 리듬에 맞춰서 큰 소리로 따라 읽어 보세요.

diàntī càidān shàngbān
xiàbān dàochē rèqíng miàntiáo
bàomíng fùxí zànchéng

2 리듬에 맞춰서 재미있는 잰말놀이를 해 보세요.

꽃이 피는 봄이 오면 Chūn nuǎn huā kāi
햇볕 쨍쨍 여름 오면 Lièrì yányán
낙엽 지는 가을 오면 Qiūyè luòdì
눈 내리는 겨울 오면 Xuěhuā fēnfēn

78 7과

## 念一念 자신있게 발음해요

### 1. 발음 연습

① 녹음을 들려주고 따라 읽게 한다.

电梯 菜单 上班
下班 倒车 热情 面条
报名 复习 赞成

② 제1성과 제2성, 제4성의 특징을 다시 한 번 확인한 후, 보다 정확하게 발음할 수 있도록 한다.

③ 각 성조를 연습한 후, 제4성과 제1성, 제4성과 제2성이 결합된 단어의 발음을 연습한다.

◆ 제4성을 천천히 길게 발음하면 제1성과 혼동할 수 있으므로 충분히 높은 음에서 시작해서 빠른 속도로 힘있게 발음하도록 지도한다.

**지도 tip**

제7과의 念一念에 해당하는 단어 카드 활동지를 활용하여 발음을 연습한다.

또한 성조 표기 연습 활동지로 학습자의 성조 파악 정도를 확인할 수 있다. 활동지는 학습자의 수준과 수업의 진도에 따라 적절하게 선택하여 사용하고, 사용법은 게시글을 참고한다.
(활동지는 http://cafe.naver.com/funchinese/7447에서 제공)

**보충**

**제4성+제1성, 제4성+제2성 단어 및 표현**

『신나는 어린이 중국어 ①』, 『신나는 어린이 중국어 ②』의 발음 연습 및 연습 문제를 포함하여 전체적으로 노출된 제4성+제1성, 제4성+제2성 단어 및 표현이다.

**· 제4성+제1성**

大家 | 外公 | 唱歌 | 画家 | 教师节 | 面包 | 不吃 | 借书
xiàbān | xiàohāhā | chènshān | luòshān

**· 제4성+제2성**

季节 | 外婆 | 橡皮 | 二十 | 四十 | 自行车 | 不来 | 问题 | 课文 | 数学
wèntí | dàchuán | kèrén | fàngxué | tàiyáng | zuòrén | yànshí

④ 우리말에 없는 발음 또는 영어와 표기는 같지만 발음이 다른 경우는 특히 주의하여 집중적으로 연습할 수 있도록 한다.

### 2. 잰말놀이

제7과 본문의 상황과 연결되도록 계절 표현과 관련된 내용을 잰말놀이 내용으로 제시하고 있다. 잰말놀이는 본격적인 본문 학습에 앞서 중국어 말하기에 대한 부담을 줄여주기 위한 것이므로 부담 없이 즐거운 분위기에서 연습하는 것이 중요하다.
잰말놀이가 유의미한 발음으로 구성되었음을 드러내기 위해 우측에 한자를 제시하였으나, 학습으로 연결시킬 필요는 없다. 그러나 자주 사용하는 단어의 익히거나 문장 단위로 설명하는 것은 학습자의 흥미와 이해도 수준에 따라 융통성 있게 진행한다.

① 리듬에 맞춰 가볍게 따라 읽게 한다.

② 리듬 노래를 통해 자연스럽게 발음을 연습하고 전체적인 의미도 파악한다.

꽃이 피는 봄이 오면 春暖花开
Chuān nuǎn huā kāi
봄의 따스함에 꽃이 피어요

햇볕 쨍쨍 여름 오면 烈日炎炎
Lièrì yányán
태양이 뜨겁게 이글거려요

낙엽 지는 가을 오면 秋叶落地
Qiūyè luòdì
가을 낙엽이 땅에 떨어지고요

눈 내리는 겨울 오면 雪花纷纷
Xuěhuā fēnfēn
눈송이들이 흩날려요

③ 연습 정도에 따라 속도를 조절하여 능숙하게 발음할 수 있도록 지도한다.

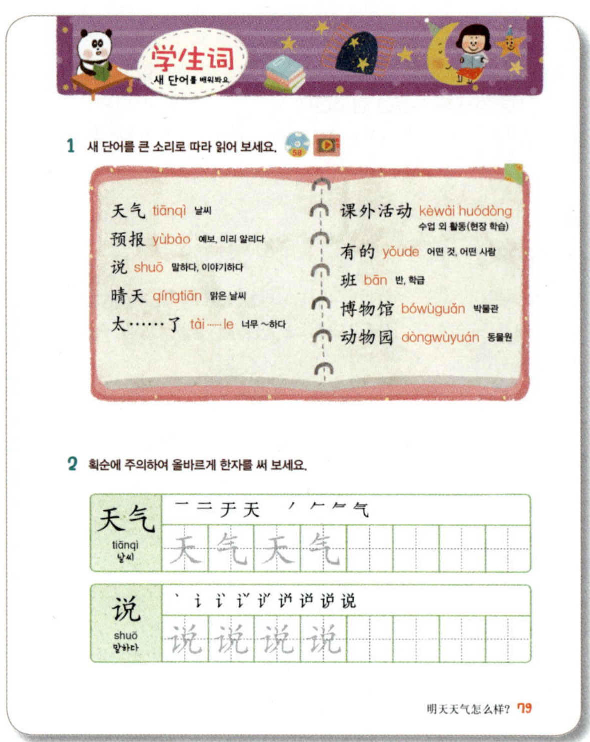

学生词 새 단어를 배워봐요

1 새 단어를 큰 소리로 따라 읽어 보세요. 58

天气 tiānqì 날씨
预报 yùbào 예보, 미리 알리다
说 shuō 말하다, 이야기하다
晴天 qíngtiān 맑은 날씨
太……了 tài……le 너무 ~하다
课外活动 kèwài huódòng 수업 외 활동(현장 학습)
有的 yǒude 어떤 것, 어떤 사람
班 bān 반, 학급
博物馆 bówùguǎn 박물관
动物园 dòngwùyuán 동물원

2 획순에 주의하여 올바르게 한자를 써 보세요.

天气 tiānqì 날씨 一 二 于 天 ノ 𠂉 气 气
说 shuō 말하다 ` 讠 讠' 讠'' 讠' 说 说 说 说

明天天气怎么样? 79

## 学生词 새 단어를 배워봐요

### 1. 어휘 학습

① 녹음을 듣고 큰 소리로 따라 읽게 한다.
② 단어의 의미와 주의해야 할 발음을 설명한다.

天气 tiānqì 날씨

预报 yùbào 예보, 미리 알리다
제4성+제4성 단어로 두 번째 제4성 발음이 상대적으로 조금 낮은 음에서 시작한다.

说 shuō 말하다, 이야기하다

晴天 qíngtiān 맑은 날씨
제1성 '天'을 길게 끌거나 강하게 발음하는 경우가 있지만, 의미를 구분하는 '晴'에 강세가 있음을 염두에 두고 지도한다

太……了 tài……le 너무 ~하다

课外活动 kèwài huódòng 수업 외 활동(현장 학습)

有的 yǒu de 어떤 것, 어떤 사람
반3성 발음은 꾸준히 연습을 통해 교정한다.

班 bān 반, 학급

博物馆 bówùguǎn 박물관

动物园 dòngwùyuán 동물원

③ 녹음을 다시 듣고 따라 읽게 한다.

### 2. 쓰기 연습

① 교사는 제시된 단어를 칠판에 쓰면서 획순을 알려 준다.
② 획순에 주의하여 학생 스스로 써 보도록 한다.
③ 학생들이 잘못 쓰는 글자를 다시 한 번 짚어 준다.
④ 학생이 칠판 앞으로 나와서 교사가 지정해 준 한자를 필순에 맞게 써 보고 발음해 보도록 한다.
⑤ 워크북의 쓰기 연습에서는 '晴天, 有的, 班'을 연습한다.

**지도 tip**

활동지나 유인물을 만들 때 자주 사용하는 중국어 폰트는 MS 워드에서는 'Simsun', 한글 파일에서는 '명조 간자'이다. 간체자의 필획을 보여 줄 수 있는 해서체 종류를 사용하는 것도 좋다. 한글 문서에서 해서체는 '한양해서, 해서약자, 해서간자'가 있다. 같은 크기일 때 한양해서체가 비교적 굵고 명확하여 수업용 제시 자료 폰트로 적절하지만, 간혹 간체자 지원이 안 되는 글자(请, 半, 花, 画 등)가 있으므로 주의한다. MS 워드에서는 'Kaiti' 서체를 사용하면 된다. 고딕체 중에서는 MS 워드의 'Microsoft Yahei(微软雅黑)'도 사용해 볼 만하다.

**天** 부수 大 총 4획

• 위에서 아래로 쓴다.

一 二 于 天

**气** 부수 气 총 4획

• 네 번째 획은 한 번에 이어 쓴다.

ノ 𠂉 气 气

**说** 부수 讠 총9획

• 왼쪽에서 오른쪽으로 쓴다.

` 讠 讠' 讠'' 讠'' 说 说 说 说

## 마무리하기

### 1. 학습 내용 정리

수업 내용에 관한 질문을 통해 학생들의 이해도를 점검한다. 학생들이 특히 어려워하는 부분이 어디인지 확인하고, 다시 한 번 짚고 넘어간다.

### 2. 과제 부여

① 본서 78쪽의 '발음 연습'과 '잰말놀이'를 큰 소리로 읽는 연습을 해 오도록 한다.
② 학습한 단어의 뜻과 한어병음이 익숙해질 수 있도록 멀티 CD(TRACK 58)를 반복해서 듣고 오게 한다.

2차시 80~81쪽

**학습 목표**

- 사물의 일부를 나타내는 표현을 말할 수 있다.
- 강조 표현을 말할 수 있다.

**수업 준비물**

교재, 멀티 CD

## 들어가기

**1. 지난 시간 복습**

① 과제를 확인한다.

② 그림 자료나 PPT 등의 시각 자료를 활용하여 지난 차시에 다룬 문화 관련 내용을 확인한다.

**2. 새로 배울 내용 소개**

① 학습 목표를 소개한다.

② 본문의 그림을 보고 어떤 상황인지 유추해 보도록 한다.

## 펼치기

### 一起说 친구들과 대화해요

**1. 단어 확인하기**

① 단어 카드를 활용하여 지난 시간에 학습한 단어를 읽어 보게 한다. 멀티 CD의 단어 플래시를 활용하여 단어를 복습할 수도 있다.

② 교사가 중국어로 단어를 제시하면 학생들은 우리말로 그 단어의 뜻을 대답한다.

③ 학생들이 단어의 뜻을 정확하게 이해했다면, 교사는 학생들에게 우리말로 단어를 제시하고 중국어로 대답해 보게 한다.

**지도 tip**

교사용 낱글자 단어 카드와 교사용 지도서 뒤에 있는 새 단어 카드를 활용하여 단어 학습을 할 수 있다.
(교사용 낱글자 단어 카드는 http://cafe.naver.com/funchinese/5315 에서 제공)

**2. 녹음 듣고 문장 연습하기**

① 녹음을 들려주고 따라 읽게 한다.

② 문장 단위로 따라 읽게 하고 해석한다.

**본문 해석**

| | |
|---|---|
| 大卫 | 爸爸，明天天气怎么样？<br>아빠, 내일 날씨 어때요? |
| 大卫的爸爸 | 天气预报说明天晴天。<br>일기예보에서 내일은 맑다고 하는구나. |
| 大卫 | 太好了。明天有课外活动。<br>정말 잘됐네요. 내일 수업 외 활동이 있거든요. |
| 大卫的爸爸 | 你们去哪儿啊？<br>너희 어디로 가는데? |
| 大卫 | 有的班去博物馆，有的班去动物园。<br>어떤 반은 박물관에 가고, 어떤 반은 동물원에 가요. |

③ 교재의 문장을 정확한 발음으로 읽어 보도록 한다.

④ 두 사람씩 짝을 지어 대화문을 연습해 보게 한다. 역할을 바꾸어

가면서 연습하도록 지도하여 반복적인 연습이 지루해지지 않도록 주의한다.

⑤ 간체자만 보고 본문을 읽는 연습을 한다.

**3. 문장 듣고 해석하기**

교사가 읽어 주는 내용을 듣고 우리말로 해석하게 한다.

**지도 tip**

기본 발음과 단어 학습을 마친 상태이므로 문장의 의미를 스스로 파악할 수 있는 기회를 제공한다. 그림을 보며 누가 있고, 몇 사람이 있고, 무엇을 하고 있는지, 무슨 색깔의 옷을 입고 있는지, 장소는 어디인지 등의 표현을 연습해 볼 수 있다.

이러한 연습은 본 차시 학습 내용과 직접적인 연관은 없으나, 기존의 선행 학습 내용을 총동원하여 스스로 문장을 완성하여 말하는 연습을 통해 복습의 효과를 도모할 뿐 아니라 중국어 학습의 유용성을 느끼게 할 수 있다.

**4. 해석 듣고 중국어 문장으로 말하기**

① 실제 대화하는 것처럼 자연스럽게 말하도록 지도한다.

② 짝과 함께 회화 내용을 연습하고, 역할을 바꾸어 반복 연습하도록 지도한다.

**보충**

**중국의 일기예보와 일기예보 표현**

중국은 땅이 넓고 지역이 많아 대도시와 각 성의 성도를 중심으로 오랜 시간 일기예보를 방송하며, 평균 3~4분 정도이다. 우리나라 일기예보와 마찬가지로 전체적인 날씨를 말한 후, 각 지역의 일기예보를 하는데 보통 지역의 명칭을 말한 후 일기예보를 한다. 예를 들어 '北京多云转晴18到25摄氏度(베이징은 구름이 많다가 맑아지겠고 온도는 18~25도입니다)'라고 한다.

대도시와 성도의 예보를 마친 후 마지막으로 수도인 베이징의 날씨를 한 번 더 알려 준 후 일기예보를 마친다.

일기예보에 자주 나오는 표현은 '高一高'에서 학습하지만, 학습자의 흥미나 수준에 따라 필요한 단어 몇 개를 선택하여 미리 학습할 수 있다.

**지도 tip**

반복 연습에 지쳐 집중하기 어려워하는 학생들에게 강제로 학습을 진행하거나, 학습과 전혀 상관없는 내용을 제시하기보다는 학습 내용과 어느 정도 연관성 있는 자료를 제시함으로써 학습자들의 주의를 환기시키고, 호기심을 가질 때 다시 학습에 집중할 수 있도록 돕는 것이 필요하다.

예를 들어 실제 중국의 일기예보를 보여 주며 중국의 일기예보가 어떤 것인지 직접 느껴 보도록 한다.

말이 빠르고 알아 듣기 힘들더라도 반복되는 날씨 표현에 집중할 수 있도록 하고, 지역별 일기 예보 때 도시 이름과 함께 등장하는 그림을 보며 중국어로 날씨를 말해 보게 할 수도 있다.

교사가 사전에 수업을 준비할 시간이 충분하고 심화 학습의 필요성이 느껴진다면 일기예보의 내용 속에서 기상캐스터가 강조하거나 느리게 말하는 부분 혹은 이미 학습한 단어가 등장하는 부분을 채워 넣을 수 있도록 학습 자료를 만들어 나눠 주는 것도 좋다.

**지도 tip**

문형을 이해하기 어려운 저학년이라면 문장 표현 자체를 한 단위로 연습하고 어감을 익히도록 지도한다.

문맥이나 상황을 통해 익히는 표현은 쉽게 기억하고 오래 기억된다. 표현이 사용될 수 있는 상황을 함께 생각해 보면서 '太……了'를 활용한 표현을 즐겁게 연습할 수 있다. 놀이 진행 방법은 다음과 같다.

① 교사는 작은 쪽지를 준비하고 학생들에게 나눠 준다. 교재에서는 '太好了'와 '太棒了', '太忙了, 太累了' 예문을 다뤘으므로 4장씩 나눠 주거나, 한 두 장씩 더 여유 있게 나눠 준다.

② 교사가 표현을 들려주고, 그 표현이 어떤 상황에서 쓰일 수 있는지를 상상한 후 쪽지에 적어 보게 한다. 재미 요소를 극대화하기 위해, 자기가 무엇을 썼는지 친구와 공유하지 않는다. 똑같은 방식으로 모든 표현이 사용될 수 있는 상황을 우리말로 적는다.

③ 내용이 안 보이도록 반으로 접어 교사에게 제출한다. 이때 교사는 바구니나 상자 등 수거할 수 있는 용기를 사용하여 모든 학생의 쪽지를 한 곳에 잘 모아 둔다.

④ 무작위로 한 장의 쪽지를 뽑아 상황을 읽어 준다.

⑤ '一、二、三!' 교사의 구령에 맞춰, 그 상황에서 사용할 수 있는 중국어 표현을 큰 소리로 대답한다.

⑥ 활동이 어느 정도 익숙해지면 학생들이 순서대로 돌아가며 쪽지를 뽑아서 읽도록 한다.

## 마무리하기

**1. 학습 내용 정리**

학습 내용을 다시 한 번 확인한다. 멀티 CD 회화 애니메이션의 자막을 변경해 가며 회화 내용을 확실히 익혔는지 확인해 볼 수 있다.

**2. 과제 부여**

① 본문을 세 번씩 큰 소리로 읽어 오게 한다.

② 자주 사용할 것 같은 핵심 문장 2개 정도를 암기해 오도록 한다.

3차시 82~83쪽

学一学 차근차근 익혀봐요

'有的'는 '어떤 것', '어떤 사람'이라는 뜻으로 전체 중의 일부분을 가리킬 때 쓰여요.

有的人去博物馆。
Yǒude rén qù bówùguǎn.
어떤 사람은 박물관에 가요.

踢足球 tī zúqiú 축구를 하다　聊天儿 liáotiānr 잡담하다

'太……了'는 '너무 ~하다', '아주 ~하다'는 뜻이에요.

太好了。
Tài hǎo le.
아주 좋아요.

棒 bàng 훌륭하다　忙 máng 바쁘다　累 lèi 피곤하다

82 7과

## 학습 목표

- '有的'를 활용하여 일부분을 나타내는 표현을 말할 수 있다.
- '太……了'를 활용하여 강조의 표현을 말할 수 있다.

## 수업 준비물

교재, 음성 자료

## 들어가기

**1. 지난 시간 복습**

① 과제를 확인한다.
오늘 날씨가 어떤지 묻고 대답해 보게 한다. 지난 시간에 학습한 본문 내용 중 기억나는 문장을 말해 보도록 한다.

② 지난 차시 학습 내용을 확인한다.
상황에 맞는 그림 또는 PPT 자료를 활용하여 학습자의 이해도를 확인한다.

**2. 새로 배울 내용 소개**

① 학습 목표를 소개한다.

② 주제와 관련된 내용을 소개한다.

## 펼치기

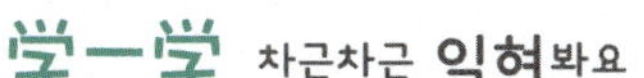

**1. '有的'를 활용한 일부를 나타내는 표현**

① 녹음을 듣고 정확한 발음으로 따라 읽도록 지도한다.

② 새 단어의 의미를 확인하고 문장으로 연습해 본다.

③ 충분한 연습을 통해 제시된 문장을 자연스럽게 표현할 수 있도록 한다.

> 有的人去博物馆。 어떤 사람은 박물관에 가요.
>
> 밑줄 친 부분을 바꿔서 말해 봐요!
> 有的人踢足球。 어떤 사람은 축구를 해요.
> 有的人聊天儿。 어떤 사람은 이야기를 해요.

### 지도 tip

'聊天儿'을 발음할 때 뒷부분은 '儿화' 발음으로 한다.
'人'이나 '班' 대신 다른 대상을 교체하여 연습할 수 있다. 행위의 주체자에 해당되는 부분에 바꿔 넣을 다른 단어가 있는지 학생들에게 질문한다.
이와 마찬가지로 목적어에 해당하는 '博物馆' 대신 다른 장소로 교체하여 연습할 수도 있다.
예 有的人去博物馆/电影院/医院/图书馆/邮局。
제6과에서 연동문을 배웠으므로, 고학년이거나 이해 정도가 높은 학급이라면 연동문 연습으로도 확장시킬 수 있다.
예 有的人去博物馆+[구체적인 동작]。
초급 수준의 학습자는 비교적 긴 문장을 완성하는 과정에서 중국어 학습에 대한 성취감과 자신감을 느낄 수 있다. 적절한 피드백과 구체적인 칭찬으로 학생들의 성장을 인정한다.

**2. '太……了'를 활용한 강조 표현**

① 녹음을 듣고 정확한 발음으로 따라 읽도록 지도한다.

② 새 단어의 의미를 확인하고 문장으로 연습해 본다.

③ 충분한 연습을 통해 제시된 문장을 자연스럽게 표현할 수 있도록 한다.

> 太好了。 아주 좋아요.
>
> 밑줄 친 부분을 바꿔서 말해 봐요!
> 太棒了。 아주 훌륭하네요.
> 太忙了。 너무 바쁘네요.
> 太累了。 너무 피곤하네요.

**보충**

### '太……了'를 활용한 강조 표현과 형용사

'太……了'는 일반적으로 부정적인 형용사와 사용되지만, '太棒了, 太好了'처럼 긍정적인 형용사와 함께 사용되기도 한다. 『신나는 어린이 중국어 ①』부터 『신나는 어린이 중국어 ③』의 제6과까지 다룬 형용사 표현은 아래와 같다.

- **『신나는 어린이 중국어 ①』**

好 | 高兴 | 聪明 | 漂亮 | 帅 | 可爱 | 大 | 小

- **『신나는 어린이 중국어 ②』**

冷 | 热 | 长 | 短

- **『신나는 어린이 중국어 ③』**

快 | 酸 | 甜 | 苦 | 辣 | 咸 | 好吃 | 油腻 | 脏 | 困 | 疼 | 慢 | 便宜 | 高 | 健康 | 棒 | 忙 | 累 | 少

이외의 강조 표현으로는 '…死了, …极了, …得要命, …得很'이 있다.

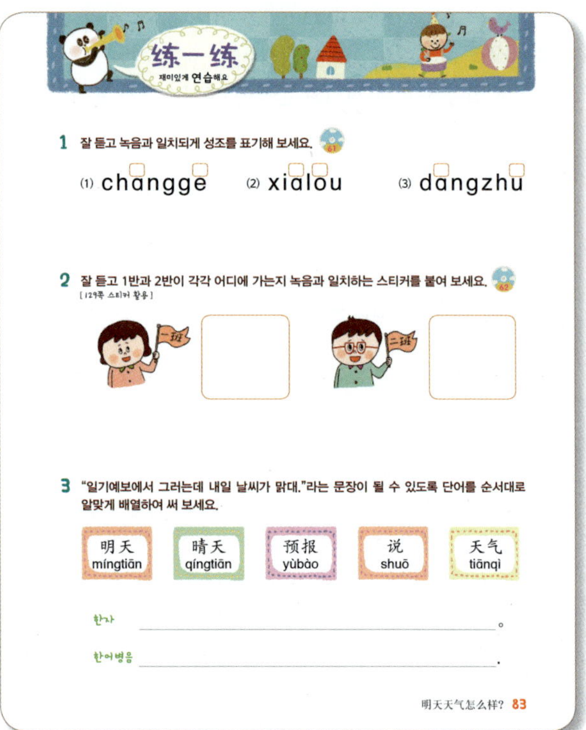

练一练 재미있게 연습해요

1 잘 듣고 녹음과 일치되게 성조를 표기해 보세요.

(1) changge (2) xialou (3) dangzhu

2 잘 듣고 1반과 2반이 각각 어디에 가는지 녹음과 일치하는 스티커를 붙여 보세요. [129쪽 스티커 활용]

3 "일기예보에서 그러는데 내일 날씨가 맑대."라는 문장이 될 수 있도록 단어를 순서대로 알맞게 배열하여 써 보세요.

明天 míngtiān | 晴天 qíngtiān | 预报 yùbào | 说 shuō | 天气 tiānqì

한자 ______________________。

한어병음 ______________________.

明天天气怎么样? 83

## 练一练 재미있게 연습해요

### 1. 녹음 듣고 성조 표시하기

① 녹음을 들려준 후, 문제를 풀게 한다.
② 정답을 확인하고, 문제 풀이를 한다.
③ 녹음을 다시 한 번 듣고 따라 읽게 한다.

**녹음대본**

(1) chànggē 唱歌 노래를 부르다 (2) xiàlóu 下楼 계단을 내려가다
(3) dǎngzhù 挡住 막아 내다, 가리다

**[정답]** (1) ˋ ˉ (2) ˋ ˊ (3) ˇ ˋ

◆ 문제에서 제4성+제1성, 제4성+제2성만 다룬 것은 아니다. 성조에 대한 분별력을 길러 주기 위해서, 평소에도 성조와 관련된 다양한 연습을 진행한다.

**지도 tip**

성조 표기 위치를 정리할 수 있다. 음의 높낮이를 표기하는 성조는 정해진 규칙에 따라 표기한다.
1. 주요 운모(a, o, e, i, u, ü)의 위에 표기한다.
2. 'a 〉o, e 〉i, u, ü'의 순서로, 입을 더 크게 벌리는 운모 위에 표기한다.
예 bào | mǎi | gěi | kǒu | jiē
3. 운모 'i'와 'u'가 함께 있는 경우, 뒤에 오는 운모 위에 표기한다
예 qiū | zuì
4. 'i'에 성조를 표기해야 할 때는 'i' 윗부분의 점을 빼고 그 자리에 표기한다.

### 2. 녹음을 듣고 알맞은 스티커 붙이기

① 녹음을 들려준 후, 문제를 풀게 한다.
② 정답을 확인하고, 문제 풀이를 한다.
③ 그림을 보고 중국어로 다시 표현해 보도록 한다.

**녹음대본**

(1) Míngtiān wǒmen xuéxiào yǒu kèwài huódòng.
明天我们学校有课外活动。
내일 우리 학교는 수업 외 활동이 있어요.

(2) Yì bān qù dòngwùyuán, èr bān qù bówùguǎn.
一班去动物园，二班去博物馆。
1반은 동물원에 가고, 2반은 박물관에 가요.

**[정답]**

**지도 tip**

문제를 풀기 전에 학습 내용을 다시 한 번 복습한다. 이해 정도가 낮은 학생이 있다면 녹음대본의 내용과 추가적인 보기의 예시를 들려주고, 어떤 식의 문제가 나올 것인지 미리 유추해 본다. 사전 연습은 모르는 것에 대한 부담감을 덜어 줄 수 있으며, 모든 학생의 참여를 독려할 수 있다.
스티커를 붙이는 원래의 문제를 풀기 전에, 전혀 다른 장소 또는 행동을 들려주고, 네모 칸 안에 그림, 글씨를 적어 보며 연습할 수 있다. 교재에서 제시한 문제와 추가 문제 두 개, 총 네 문제를 푸는 문제로 활용할 수 있다.

### 3. 단어 배열하여 문장 만들기

① 제시된 문장을 보고 알맞은 어순으로 단어를 배열한다.
② 문장의 한자와 한어병음을 써 보게 한다.
③ 문장을 큰 소리로 읽어 본다.

**[정답]** 天气 / 预报 / 说 / 明天 / 晴天。
Tiānqì / yùbào / shuō / míngtiān / qíngtiān

교재의 연습 문제를 학습한 후, 워크북 문제를 함께 풀어 볼 수 있다. 워크북을 푸는 과정을 통해 학생들에게는 학습한 내용을 한 번 더 확인하는 기회를 제공하고, 교사는 학생들의 이해 정도를 파악하여 필요한 지도를 보충하거나 다음 수업의 난이도를 조정할 수 있다. 워크북의 모든 문제를 풀어 볼 수도 있지만, 필요에 따라 교사가 취사선택하여 풀어 볼 수도 있다.

## 마무리하기

### 1. 학습 내용 정리

① 学一学에서 학습한 내용을 정확히 이해했는지 확인한다.
② 연습 문제에서 학생들이 자주 오류를 범하는 내용에 대해 다시 한 번 정리한다.

### 2. 과제 부여

이번 시간에 학습 내용을 자연스럽게 표현할 수 있도록 연습해 오게 한다.

4차시 84~85쪽

② 날씨를 나타내는 표현을 중국어로 하나씩 발음해 본다.

③ 충분히 연습한 후, 날씨를 묻고 답하는 표현도 말해 본다.

◆ 날씨를 나타내는 사진이나 그림 등 시각 자료를 준비하여 학생들의 주의와 흥미를 끌도록 한다.

### 지도 tip

'일기예보에서 그러는데, 내일 비 온대.', '엄마가 그러시는데, 내일 맑대.' 등 배운 단어를 활용하여 문장으로 완성하는 연습을 진행할 수도 있다. 교사가 알고 있는 날씨 주제 노래를 부를 때, 동작으로 날씨를 표현하며 반복 연습을 하거나, '네 박자 게임'으로 발음을 연습할 수 있다. 이때, 성조까지 연습하면 난이도를 높일 수 있다. 또한 간단한 '미니북 만들기'를 하며 학습 내용을 정리한다거나 '기상캐스터 역할극'이나 간단한 활동을 진행할 수도 있다.

'두 쪽씩 모아 찍기'를 하면 일반적인 교사용 카드 크기와 비슷한 A4 용지 1/2 크기로 출력되어 사용하기에 적당하며, 대단위 학급이거나 크게 사용하고 싶다면 한 쪽씩 출력해서 사용한다.
날씨 표현 글자 카드와 함께 짝 맞추기 방식으로도 활용할 수 있다.

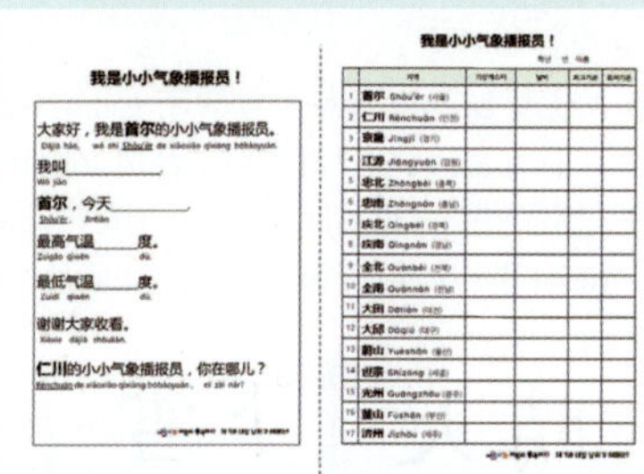


이 외에도 날씨 표현을 교체하여 문장으로 말하는 연습을 할 수 있는 정보 차(information gap) 활동지도 해당 게시글에서 함께 제공한다.
기상 캐스터가 되어 각자 맡은 특정 지역의 날씨에 대해 발표한다. 활동을 구성할 때, 교사가 소홀히 하면 안 되는 부분은 바로 발표자가 발표할 때 그를 제외한 나머지 학생들이 무엇을 하고 있는지에 대한 고려이다.
정보 차 활동지를 활용하면 전체 학급이 함께 참여하는 활동을 진행함으로써 소수 학생들만 활동에 참여하는 상황의 발생을 어느 정도 방지할 수 있다.
활동을 마친 후에는 자기가 발표한 내용이 아닌 다른 친구의 발표 내용을 말해 보게 하며 정답을 확인하는 동시에 말하기 기회를 다시 한 번 제공할 수 있다.
(교구 자료는 http://cafe.naver.com/funchinese/7447에서 제공)

### 학습 목표

- 다양한 날씨 표현을 말할 수 있다.
- 활동을 통해 학습 내용을 숙지하여 중국어 표현 능력을 향상시킬 수 있다.

### 수업 준비물

교재, 멀티 CD

## 들어가기

**1. 지난 시간 복습**

① 과제를 확인한다.

② **学一学**에서 다룬 표현을 함께 읽어 보거나 간단한 질문을 통해 복습한다.

**2. 새로 배울 내용 소개**

① 학습 목표를 소개한다.

② 주제와 관련된 내용을 소개한다.
학생들에게 날씨를 나타내는 표현은 무엇이 있는지 물어본다.

## 펼치기

### 高一高 실력을 쑥쑥 키워요

- **날씨를 나타내는 다양한 표현**

① 그림을 보고 어떤 날씨가 있는지 말해 보게 한다.

**보충**

**날씨 표현**

大雨 dàyǔ 큰비 | 暴雨 bàoyǔ 폭우 | 雷阵雨 léizhènyǔ 천둥번개를 동반한 소나기 | 打闪 dǎ shǎn 번개가 치다 | 台风 táifēng 태풍 | 闷热 mēnrè 무덥다, 후덥지근하다 | 暖和 nuǎnhuo 따뜻하다 | 热 rè 덥다 | 凉快 liángkuai 서늘하다 | 冷 lěng 춥다 | 多云 duōyún 구름이 많다

(활동지는 http://cafe.naver.com/funchinese/6466에서 제공)

## 玩一玩 신나게 놀아 봐요

• **내가 기상 캐스터**

본 과의 학습 내용으로 구성된 게임을 통해 학습한 표현이 익숙해지도록 한다.

① 다양한 날씨 카드를 교재 109쪽의 활동 자료에서 오려 책상 위에 올려 두도록 한다. 수업 시간에 오릴 수 있도록 가위나 칼을 준비해 오게 하거나, 과제로 미리 잘라 오도록 할 수도 있다.

② 교사는 단어를 읽어 주고, 학생들은 교사가 말한 단어 카드를 찾아서 들어 올린다.

③ 게임을 통해 단어가 익숙해지면 교재 111쪽의 활동 자료를 활용하여 직접 일기예보를 작성해 보도록 한다.

④ 교사는 학생들이 일기예보를 작성할 때 순회하며 지도하며, 어느 정도 작성이 완료되면 발표하게 한다.

**지도 tip**

기존의 카드 이외에 변화를 나타내는 '转'이라는 표현을 사용하여 실제 일기예보처럼 날씨 변화를 나타내는 표현을 연습하도록 한다.

예를 들어 교사가 '맑았다 흐려짐'이라고 말하면 각각 '晴, 转, 阴' 카드를 순서에 맞게 들도록 한다.

실제 중국의 CCTV 방송을 보여 주며 일기예보의 내용을 살펴보는 것도 좋다. 그러나 CCTV는 어렵고 말이 빨라 이해하기 힘들 수 있으므로 교사가 핵심적인 부분을 골라 반복하여 듣거나, 느리게 듣게 하여 학생들이 실제로 일기예보에 쓰이는 표현이라는 것을 느껴 볼 수 있도록 한다.

혹은 학생들이 실제 기상캐스터가 되어 말해 볼 수 있도록 마이크나 지도 등과 같은 수업 자료를 준비하는 것도 좋은 방법이다. 이를 통해 학생들은 흥미를 느낄 수 있을 뿐 아니라 진로에 대해 생각해 보는 기회가 될 수도 있을 것이다.

(교구 자료는 http://cafe.naver.com/funchinese/7447에서 제공)

## 마무리하기

**1. 학습 내용 정리**

① 학습한 표현을 우리말로 제시하고 이를 중국어로 말해 보게 한다.

② 다양한 날씨를 나타내는 사진이나 그림을 제시하고 중국어로 대답하게 한다.

**2. 과제 부여**

일주일 간의 실제 날씨를 중국어로 적어 오게 한다. 혹은 중국어 일기를 쓰는 학생이 있다면 중국어로 날씨를 표시해 보도록 한다.

# 8 我们还能做什么呢? 우리는 또 무엇을 할 수 있을까요?

## 단원 소개 및 학습 내용

전 세계적 문제인 환경 오염과 환경 오염을 줄이기 위한 중국의 노력에 대해 알아본다. '要'와 '不要'를 활용하여 의무와 금지를 나타내는 표현을 익힌다.

## 단원 학습 목표

1. 제4성+제3성, 제4성+제4성으로 이루어진 단어를 정확하게 읽을 수 있다.
2. '要'를 활용하여 의무를 나타내는 표현을 할 수 있다.
3. '不要'를 활용하여 반대나 금지를 나타내는 표현을 할 수 있다.

## 단원 지도 계획

| 차시 | 교재 범위 | 학습 단계 | 학습 내용 |
|---|---|---|---|
| 1 | 86~89쪽 | 문화 | 내가 지켜줄게, 지구야! |
| | | 발음 | 제4성+제3성, 제4성+제4성으로 이루어진 단어 |
| | | 새 단어 | 본문 새 단어 학습<br>쓰기 연습 (为了, 要) |
| 2 | 90~91쪽 | 회화 | 환경 보호에 대해 말하기 |
| 3 | 92~93쪽 | 교체 연습 | '要'를 활용하여 의무 표현하기<br>'不要'를 활용하여 반대나 금지 표현하기 |
| | | 연습 문제 | 발음 및 본문 내용 관련 문제 풀기 |
| 4 | 94~95쪽 | 확장 연습 | 재활용품 관련 표현 익히기 |
| | | 활동 | 내가 그린 환경 보호 포스터 |

1차시 86~89쪽

**학습 목표**

- 전 세계적 환경 오염과 환경 오염을 줄이기 위한 중국의 노력에 대해 알아본다.
- 제4성+제3성, 제4성+제4성으로 이루어진 단어를 정확하게 발음할 수 있다.
- 새 단어의 발음과 뜻을 익히고, 획순에 맞게 쓸 수 있다.

**수업 준비물**

교재, 멀티 CD, 단어 카드

## 들어가기

**1. 지난 시간 복습**

① 과제를 확인한다.

② 오늘의 날씨뿐 아니라, 주말이나 이번 주의 날씨를 중국어로 표현해 보게 한다.

**2. 새로 배울 내용 소개**

① 그림과 문화 내용을 살펴보면서 이번 단원에서 배울 내용이 무엇인지 유추해 보게 한다.

◆ 지난 시간에 학습한 다양한 날씨 표현에 이어, 최근 나타나는 이상 기온 현상 등에 대해 이야기하면서 자연스럽게 환경 보호에 대해 생각할 수 있도록 한다. 본문 내용을 유추하기 위해 학생들과 함께 환경 보호에 대한 이야기를 나누되, 환경 보호라는 주제에만 너무 초점이 맞춰지지 않도록 주의한다.

② 새로운 내용을 학습하기에 앞서 가볍게 발음 연습을 하고, 본문 학습 이전에 새 단어를 익혀 보는 시간임을 알려 준다.

## 펼치기

- **문화 소개: 내가 지켜줄게, 지구야!**

① 수업 시간이나 뉴스를 통해 알게 되었거나, 생활 속에서 느낀 환경 오염 사례가 있다면 어떤 것들이 있는지 이야기해 보도록 한다.

② 본문의 문화 내용을 함께 읽어 본다.

③ 이번 과에서 배우는 내용과 연관이 있음을 언급하고 수업을 시작한다.

**보충**

### 중국의 대기 오염

중국은 빠른 경제 성장과 산업화로 대기 오염, 수질 오염, 소음, 쓰레기 문제 등 심각한 환경 오염이 발생하였고, 그중에서도 스모그나 황사 현상 등 대기 오염 문제가 매우 심각한 수준이다. 가시거리가 짧아 교통 사고가 빈번히 발생하거나, 호흡기 질환을 앓는 환자가 증가했다. 이러한 대기 오염은 중국과 가까운 우리나라에도 많은 영향을 끼치고 있다.
중국은 환경 오염의 심각성을 깨닫고, 환경 산업에 주목하기 시작했다. 특히 2016년 12월 전국인민대표대회에서 중화인민공화국 환경세법이 통과되어 2018년부터 보다 엄격하게 환경 오염 문제를 관리하게 되었다.
중국 정부의 환경 오염에 대한 입장 변화는 대폭 강화된 대기오염방지법에서도 알 수 있다. 대기 오염 관련 위법 행위 종류를 90개 이상으로 늘리고, 벌금도 최대 1억 8천만 원까지로 늘렸으며, 환경 보호 기준에 미달하는 지역에는 국가 지원을 줄이겠다고 선언했다. 또한, 대기 오염의 주원인인 자동차 매연 가스 배출을 줄이기 위해, 2020년까지 전기자동차 200만 대 보급을 목표로 하였다.

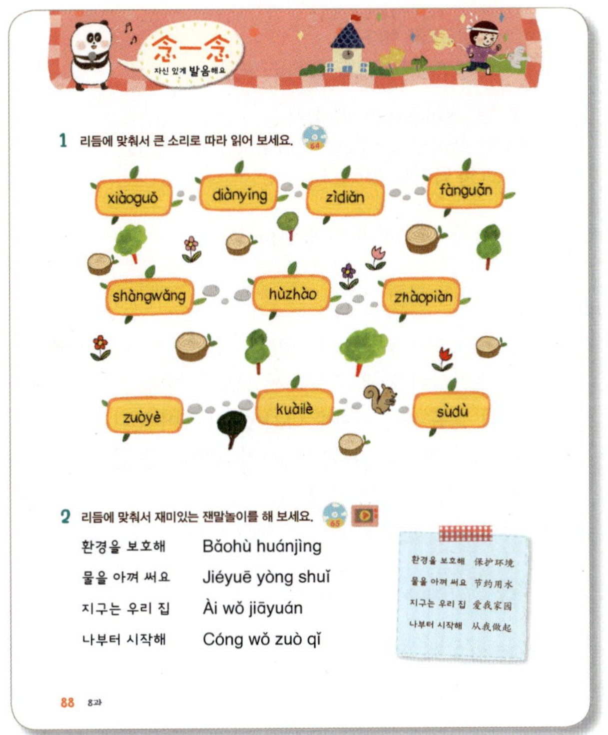

### 1. 발음 연습

① 녹음을 들려주고 따라 읽게 한다.

效果　电影　字典　饭馆

上网　护照　照片

作业　快乐　速度

② 제3성과 제4성의 특징을 다시 한 번 확인한 후, 보다 정확하게 발음할 수 있도록 한다.

③ 각 성조를 연습한 후, 제4성과 제3성, 제4성과 제4성이 결합된 발음을 연습한다.

◆ 제4성과 제4성이 결합할 때, 뒤에 오는 제4성은 음가가 약간 낮아진다. 자연스럽게 나타나는 발음 현상이므로 따로 설명할 필요는 없다.

**지도 tip**

제8과의 念一念에 해당하는 단어 카드 활동지를 활용하여 발음을 연습한다.

또한 성조 표기 연습 활동지로 학습자의 성조 파악 정도를 확인할 수 있다. 활동지는 학습자의 수준과 수업의 진도에 따라 적절하게 선택하여 사용해야 하고, 사용법은 게시글을 참고한다.
(활동지는 http://cafe.naver.com/funchinese/7447에서 제공)

**보충**

**제4성+제3성, 제4성+제4성, 제4성+경성 단어 및 표현**

『신나는 어린이 중국어 ①』, 『신나는 어린이 중국어 ②』의 발음 연습 및 연습 문제를 포함하여 노출된 제4성+제3성, 제4성+제4성, 제4성+경성 단어 및 표현이다.

**· 제4성+제3성**

效果 | 电影 | 字典 | 饭馆 | 上网 | 记者 | 电影 | 电脑 | 汉语 | 日本 | 下午 | 汽水 | 不冷 | 一碗 | 号码 | 画笔 | 下雪 | 下雨 | 报纸 | yìqǐ | wòshǒu | dìtiě

**· 제4성+제4성**

电视 | 运动 | 绿色 | 动物 | 意大利 | 现在 | 睡觉 | 电话 | 大象 | 泡菜 | 但是 | 下次 | 上课 | 寄信 | 看病 | 挂号 | 预报 | 锻炼 | 课外(活动) | 世界 | 塑料袋 | luòdì

**· 제4성+경성**

认识 | 弟弟 | 妹妹 | 漂亮 | 右边 | 后边 | 外边 | 上边 | 下边 | 味道 | 肚子 | 为了 | 罐头 | yuèliang | dòufu | rènshi | mèimei | dìdi

④ 우리말에 없는 발음 또는 영어와 표기는 같지만 발음이 다른 경우는 특히 주의하여 집중적으로 연습할 수 있도록 한다.

### 2. 잰말놀이

제8과 본문의 상황과 연결되도록 환경 보호 표현 내용을 잰말놀이 내용으로 제시하고 있다. 잰말놀이는 본격적인 본문 학습에 앞서 중국어 말하기에 대한 부담을 줄여주기 위한 것이므로 부담 없이 즐거운 분위기에서 연습하는 것이 중요하다.

잰말놀이가 유의미한 발음으로 구성되었음을 드러내기 위해 우측에 한자를 제시하였으나, 학습으로 연결시킬 필요는 없다. 그러나 자주 사용하는 단어의 익히거나 문장 단위로 설명하는 것은 학습자의 흥미와 이해도 수준에 따라 융통성 있게 진행한다.

① 리듬에 맞춰 가볍게 따라 읽게 한다.

② 리듬 노래를 통해서 자연스럽게 발음을 연습하고 전체적인 의미도 파악해 본다.

환경을 보호해 保护环境
Bǎohù huánjìng

물을 아껴 써요 节约用水
Jiéyuē yòng shuǐ

지구는 우리 집 爱我家园
Ài wǒ jiāyuán

나부터 시작해 从我做起
Cóng wǒ zuò qǐ

③ 연습 정도에 따라 속도를 조절하여 능숙하게 발음할 수 있도록 지도한다.

学生词 새 단어를 배워봐요

1 새 단어를 큰 소리로 따라 읽어 보세요.

还 hái 또, 더
世界环境日 Shìjiè huánjìngrì 세계 환경의 날
为了 wèile ~하기 위해
保护 bǎohù 보호하다
环境 huánjìng 환경
要 yào ~해야 한다
省水 shěng shuǐ 물을 아끼다
省电 shěng diàn 전기를 아끼다
乱扔 luàn rēng 함부로 버리다
垃圾 lājī 쓰레기
少 shǎo 조금, 적다
塑料袋 sùliàodài 비닐봉지

2 획순에 주의하여 올바르게 한자를 써 보세요.

为了 wèile ~하기 위해
丶 丿 为 为 ㇇ 了
为 了 为 了

要 yào ~해야 한다
一 丅 丙 襾 襾 襾 覀 要 要
要 要 要 要

我们还能做什么呢? 89

## 学生词 새 단어를 배워봐요

**1. 어휘 학습**

① 녹음을 듣고 큰 소리로 따라 읽게 한다.
② 단어의 의미와 주의해야 할 발음을 설명한다.

还 hái 또, 더

世界环境日 Shìjiè huánjìngrì 세계 환경의 날
세계 환경의 날(6월 5일)은 국민의 환경 보전 의식 함양과 실천의 생활화를 위해 제정한 법정 기념일이다.

为了 wèile ~하기 위해

保护 bǎohù 보호하다

环境 huánjìng 환경

要 yào ~해야 한다
'要' 앞에 '不'를 붙여 부정 표현을 할 수 있는데, 이때 '不 bù'는 제2성으로, 'bù'라고 발음한다.

省水 shěng shuǐ 물을 아끼다
제3성이 연속해서 나올 경우 앞 음절의 성조를 제2성으로 발음한다.

省电 shěng diàn 전기를 아끼다
제3성 뒤에 제4성이 나오면 앞 음절의 제3성은 반3성으로 발음한다.

乱扔 luàn rēng 함부로 버리다
'l'과 'r'을 잘 구분하여 발음할 수 있도록 한다.

垃圾 lājī 쓰레기
제1성은 높고 길게 발음한다는 것을 기억하며 읽을 수 있도록 한다.

少 shǎo 조금, 적다
'小 xiǎo'와 혼동하지 않도록 지도한다.

塑料袋 sùliàodài 비닐봉지
'塑料'는 플라스틱, 비닐을 나타내고 '袋'는 봉지를 나타낸다. 단어 뒤에 '儿화'를 붙이기도 한다.

③ 녹음을 다시 듣고 따라 읽게 한다.

**2. 쓰기 연습**

① 교사는 중요 단어를 칠판에 쓰면서 획순을 알려 준다.
② 획순에 주의하여 학생 스스로 써 보도록 한다.
③ 학생들이 잘못 쓰는 글자를 다시 한 번 짚어 준다.
④ 학생이 칠판 앞으로 나와서 교사가 지정해 준 한자를 필순에 맞게 써 보고 발음해 보도록 한다.
⑤ 워크북의 쓰기 연습에서는 '还, 保护, 环境'을 연습한다.

**为** 부수 丶 총 4획

• 왼쪽 점을 첫 번째 획으로 균형 있게 써 내려 가도록 한다.

丶 丿 为 为

**了** 부수 亅 총 2획

• 두 번째 획의 끝은 왼쪽으로 삐치는 갈고리 모양이 되게 한다.

㇇ 了

**要** 부수 覀 총 9획

• 왼쪽에서 오른쪽으로, 위에서 아래로 쓴다.
• 상하 구조의 글자임을 기억하고 균형 있게 쓴다.

一 丅 丙 襾 襾 襾 覀 要 要

## 마무리하기

**1. 학습 내용 정리**

수업 내용에 관한 질문을 통해 학생들의 이해도를 점검한다. 학생들이 특히 어려워하는 부분이 어디인지 확인하고, 다시 한 번 짚고 넘어간다.

**2. 과제 부여**

① 본서 88쪽의 '발음 연습'과 '잰말놀이'를 큰 소리로 읽는 연습을 해 오도록 한다.
② 학습한 단어의 뜻과 한어병음이 익숙해질 수 있도록 멀티 CD(TRACK 66)를 반복해서 듣고 오게 한다.

**2차시** 90~91쪽

**학습 목표**

- 의무를 나타내는 표현을 할 수 있다.
- 금지를 나타내는 표현을 할 수 있다.

**수업 준비물**

교재, 멀티 CD

## 들어가기

**1. 지난 시간 복습**

① 과제를 확인한다.
② 그림 자료나 PPT 등의 시각 자료를 활용하여 지난 차시에 다룬 문화 관련 내용을 확인한다.

**2. 새로 배울 내용 소개**

① 학습 목표를 소개한다.
② 본문의 그림을 보고 어떤 상황인지 유추해 보도록 한다.

## 펼치기

### 一起说 친구들과 대화해요

**1. 단어 확인하기**

① 단어 카드를 활용하여 지난 시간에 학습한 단어를 읽어 보게 한다. 멀티 CD의 단어 플래시를 활용하여 단어를 복습할 수도 있다.
② 교사가 중국어로 단어를 제시하면 학생들은 우리말로 그 단어의 뜻을 말한다.
③ 학생들이 단어의 뜻을 정확하게 이해했다면, 교사는 학생들에게 우리말로 단어를 제시하고 중국어로 대답해 보게 한다.

**지도 tip**

교사용 낱글자 단어 카드와 교사용 지도서 뒤에 있는 새 단어 카드를 활용하여 단어 학습을 할 수 있다.
(교사용 낱글자 단어 카드는 http://cafe.naver.com/funchinese/5315 에서 제공)

**2. 녹음 듣고 문장 연습하기**

① 녹음을 들려주고 따라 읽게 한다.
② 문장 단위로 따라 읽게 하고 해석한다.

**본문 해석**

今天是世界环境日。
오늘은 세계 환경의 날이에요.

为了保护环境,
환경을 보호하기 위해서는,

一、要省水省电,
첫째, 물을 아끼고 전기를 절약해야 해요.

二、不要乱扔垃圾,
둘째, 쓰레기를 함부로 버려서는 안 돼요.

三、少用塑料袋。
셋째, 비닐봉지는 조금만 사용해야 해요.

我们还能做什么呢?
우리는 또 무엇을 할 수 있을까요?

**보충**

### 세계 환경의 날

아름다운 자연 환경 보전에 대한 인류의 갈망과 바람을 나타내는 세계 환경의 날은 매년 6월 5일로, 1972년 6월 스웨덴 스톡홀름에서 개최된 '유엔인간환경회의'에서 제정되었으며, 같은 해 UN 총회에서 채택되었다. 1972년 유엔인간환경회의는 국제 사회가 지구 환경 보전을 위해 노력할 것을 다짐한 첫 번째 국제 회의였으며, 이 회의에서는 세계환경의 날 지정 외에, 인간환경선언 발표와 UN 산하의 환경 전문 기구인 유엔환경계획(UNEP) 설치에 대한 결의가 이루어졌다.

유엔환경계획(UNEP)은 1987년부터 매년 세계 환경의 날에 그 해의 주제를 선정하여 발표하며, 대륙별로 돌아 가며 한 나라를 선정해 행사를 개최하고 있다. 또한 1987년부터 환경의 날에 개인과 지역 사회의 환경 보호 활동 장려를 위해 제정한 '글로벌 500상' 시상식을 갖는다. 우리나라에서는 1996년에 6월 5일을 법정 기념일인 '환경의 날'로 제정했으며, 1997년에는 서울에서 UNEP 주최의 '세계 환경의 날' 행사를 개최하기도 하였다. 중국은 1993년 베이징에서, 2002년 선전에서 세계 환경의 날 행사를 개최하였다.

③ 교재의 문장을 정확한 발음으로 읽어 보도록 한다.
④ 두 사람씩 짝을 지어 대화문을 연습해 보게 한다. 역할을 바꾸어 가면서 연습하도록 지도하여 반복적인 연습이 지루해지지 않도록 주의한다.
⑤ 간체자만 보고 본문을 읽는 연습을 한다.

**3. 문장 듣고 해석하기**

교사가 읽어 주는 내용을 듣고 우리말로 해석하게 한다.

**지도 tip**

기본 발음과 단어 학습을 마친 상태이므로 학생들이 문장의 의미를 스스로 파악할 수 있는 기회를 제공한다.

본 과를 지도하면서 세계 환경의 날(世界环境日)은 매년 6월 5일이라는 상식도 알려 줄 수 있다.

환경 보호를 위한 실천 방안에 대해 우리말로 대화를 나눌 수 있으며, 본문의 삽화에서 캐릭터들이 어떤 행동을 통해 환경 보호를 실천하는지도 살펴볼 수 있다.

각 권의 제8과 본문은 대화문이 아닌 진술문의 형태로 구성되어 있다. 발표문으로 연습할 수 있도록 충분히 말해 보고 각자 발표해 보는 시간을 가질 수 있다.

**4. 해석 듣고 중국어 문장으로 말하기**

① 실제 대화하는 것처럼 자연스럽게 말하도록 지도한다.
② 짝과 함께 회화 내용을 연습하고, 역할을 바꾸어 반복 연습하도록 지도한다.

**지도 tip**

말하기 연습이 충분히 진행되었다면, 학생들의 수준에 따라 원고지를 준비하여 직접 본문을 쓰게 함으로써 한자를 써 보고, 문장 부호를 사용하는 연습을 하게 하는 것도 좋다.

**보충**

### 중국어에만 있는 문장 부호 、(顿号)

'、(顿号 dùnhào)'는 우리말에는 없는 문장 부호로 '모점'이라고 표현한다. '모점'은 대등한 단어나 구문을 병렬할 때 쓰여 가벼운 쉼을 나타내는 문장 부호이다. 본문에서도 구문을 병렬하기 위해 모점이 사용되었다.

예 爸爸、妈妈会开车。
哥哥、姐姐会骑车。

## 마무리하기

**1. 학습 내용 정리**

학습 내용을 다시 한 번 확인한다. 멀티 CD 회화 애니메이션의 자막을 변경해 가며 회화 내용을 확실히 익혔는지 확인해 볼 수 있다.

**2. 과제 부여**

① 본문을 세 번씩 큰 소리로 읽어 오게 한다.
② 환경 보호를 위해 집이나 학교에서 내가 할 수 있는 일이 무엇인지 구체적으로 적어 오도록 한다.

**지도 tip**

본문의 연습은 말하기-표현 중심 교육을 위한 중요한 부분으로 향후 실생활에서 의사소통을 하게 되는 경우 학생이 활용할 수 있는 언어 표현의 기준이 된다. 따라서 교사는 문법적으로 완벽하게 이해하지 못했더라도 상황과 문맥을 통해 표현을 자연스럽게 구사할 수 있도록 연습할 기회를 제공해야 한다.

말을 하기 위해서는 충분한 듣기가 선행되어야 하며, 교사는 학생들의 듣기 활동이 지루하지 않도록 듣기 연습의 다양한 방법을 강구해야 한다.

본문을 보지 않고 음원만 듣기, 본문을 보면서 음원 듣기, 다시 음원만 듣기 등의 순서로 듣기 연습을 반복하면서 점차 아는 단어가 많이 들리는 경험을 하도록 수업을 구성할 수 있다.

교사의 발음을 잘 듣고 따라 말하기, 모둠을 나누어 역할을 분담하여 연습하기, 짝 활동으로 대화 연습하기 등 연습의 단위를 전체 학급에서 짝으로 점차 줄여가는 것이 바람직하다. 교사가 본문을 읽을 때는 언제나 목소리, 표정, 몸짓 등을 충분히 활용하여 실제 의사소통 상황처럼 시연해야 한다.

연습 과정에서 드러나는 발음의 오류는 그때마다 지적하여 교정하기보다는 자주 틀리거나 실수하는 부분을 기억하고 적정한 선에서 총괄적으로 설명하는 방식을 선택하면 학생들의 부담감을 덜어 주고 유창성을 강조하여 지도할 수 있다.

3차시 92~93쪽

学一学
차근차근 익혀봐요

68

'要'는 '~해야 한다'라는 뜻으로, 어떤 행동을 마땅히 해야 하거나 할 필요가 있을 때 사용해요.

要省水省电。
Yào shěng shuǐ shěng diàn.
물을 아끼고 전기를 절약해야 해요.

밑줄 친 부분을 바꿔서 말해 봐요!

帮助别人 bāngzhù biéren
다른 사람을 돕다

锻炼身体 duànliàn shēntǐ
신체를 단련하다

'不要'는 '~하지 마라', '~하면 안 된다'는 뜻으로, 상대방의 행동에 대해 반대하거나 어떤 행동을 하지 못하게 하고자 할 때 쓰여요.

不要乱扔垃圾。
Bú yào luàn rēng lājī.
쓰레기를 함부로 버리지 마세요.

밑줄 친 부분을 바꿔서 말해 봐요!

吵架 chǎojià 다투다

迟到 chídào 지각하다

哭 kū 울다

92 8과

**학습 목표**

- '要'를 활용하여 의무를 나타내는 표현을 할 수 있다.
- '不要'를 활용하여 반대하거나 금지하는 표현을 할 수 있다.

**수업 준비물**

교재, 음성 자료

## 들어가기

**1. 지난 시간 복습**

① 과제를 확인한다.

② 지난 차시 학습 내용을 확인한다.

본문 내용을 짚어 보며 문답식으로 물어보거나, 상황에 맞는 그림 또는 PPT 자료를 활용하여 학습자의 이해도를 확인한다.

**2. 새로 배울 내용 소개**

① 학습 목표를 소개한다.

② 주제와 관련된 내용을 소개한다.

## 펼치기

### 学一学 차근차근 익혀봐요

**1. '要'를 활용한 의무 표현**

① 녹음을 듣고 정확한 발음으로 따라 읽도록 지도한다.

② 새 단어의 의미를 확인하고 문장으로 연습해 본다.

③ 충분한 연습을 통해 제시된 문장을 자연스럽게 표현할 수 있도록 한다.

> 要省水省电。 물을 아끼고 전기를 절약해야 해요.
>
> 밑줄 친 부분을 바꿔서 말해 봐요!
>
> 要帮助别人。 다른 사람을 도와야 해요.
>
> 要锻炼身体。 신체를 단련해야 해요.

**지도 tip**

문형을 이해하기 어려운 저학년이라면 문장 표현 자체를 한 단위로 연습하여 어감을 익히도록 지도한다.

'要'는 다양한 의미를 갖고 있으나, 한꺼번에 비교, 대조하면서 모두 제시하지 않는다. 수업에서 다루는 내용을 충분히 익히고, 학습자의 수준을 고려하여 선별적으로 추가 학습을 지도한다.

표현이 사용될 수 있는 여러 상황을 제시하거나, 학생들과 함께 생각해 보면서 충분한 연습의 기회를 확보한다. 학습자의 참여 정도가 높을수록 수업에 대한 흥미가 높고 반복 연습에 대한 지루함을 경감시켜 줄 수 있다.

**2. '不要'를 활용한 반대나 금지 표현**

① 녹음을 듣고 정확한 발음으로 따라 읽도록 지도한다.

② 새 단어의 의미를 확인하고 문장으로 연습해 본다.

③ 충분한 연습을 통해 제시된 문장을 자연스럽게 표현할 수 있도록 한다.

> 不要乱扔垃圾。 쓰레기를 함부로 버리지 마세요.
>
> 밑줄 친 부분을 바꿔서 말해 봐요!
>
> 不要吵架。 다투지 마세요.
>
> 不要迟到。 지각하지 마세요.
>
> 不要哭。 울지 마세요.

**지도 tip**

'不要'는 '别'로 바꿔서 표현할 수 있다. '不要'는 '我'가 주어로 올 때와 '你'가 주어로 올 때 의미가 약간 다르게 느껴지기도 한다.

**보충**

**『신나는 어린이 중국어 ③』의 동사(구)**

『신나는 어린이 중국어 ③』 제1과에서 제7과까지 학습한 동사(구)는 다음과 같다.

吃饭 | 吃药 | 睡觉 | 起床 | 休息 | 看书 | 看电视 | 买东西 | 带画笔 | 画大象 | 小心 | 穿运动服 | 去电影院 | 唱中国歌 | 擦药 | 背课文 | 去博物馆 | 去动物园 | 踢足球 | 去学校上课 | 去邮局寄信

실생활에서 자주 사용하는 표현은 간단한 동작과 함께 연습하여 쉽고 오래 기억할 수 있도록 돕는다. 상황에 어울리는 표현을 평소 수업 시간에 자주 노출시켜 주는 것도 매우 좋은 방법이다.

학습한 표현을 다시 한 번 복습한 후, 적절한 문장 해석을 제시하고 학생들이 '要' 또는 '不要'를 활용하여 문장을 완성하도록 연습을 진행할 수 있다.

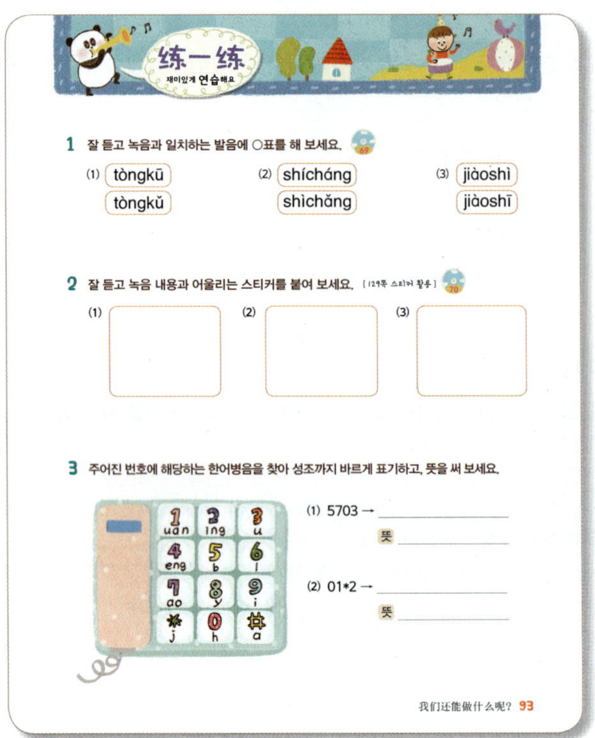

## 练一练 재미있게 연습해요

### 1. 녹음과 일치하는 발음 고르기

① 녹음을 들려준 후, 문제를 풀게 한다.
② 정답을 확인하고, 문제 풀이를 한다.
③ 녹음을 다시 한 번 듣고 따라 읽게 한다.

**녹음대본**

(1) tòngkǔ 痛苦 고통스럽다, 괴롭다 (2) shìchǎng 市场 시장
(3) jiàoshì 教室 교실

**[정답]** (1) tòngkǔ (2) shìchǎng (3) jiàoshì

**지도 tip**

성조를 구별하는 문제이다. 학습자의 수준에 따라, 문제를 풀기 전에 함께 발음을 연습해 보거나, 문제를 풀고 난 후 다시 한 번 발음해 볼 수 있다.

### 2. 녹음을 듣고 알맞은 스티커 붙이기

① 녹음을 들려준 후, 문제를 풀게 한다.
② 정답을 확인하고, 문제 풀이를 한다.
③ 녹음을 다시 한 번 듣고 따라 읽게 한다.
◆ 스티커를 붙인 후 그림을 보고 중국어로 표현해 보게 한다.

**녹음대본**

(1) Wǒmen yào shěng diàn. 我们要省电。
우리는 전기를 절약해야 해요.

(2) Bú yào luàn rēng lājī. 不要乱扔垃圾。
쓰레기를 함부로 버리지 마세요.

(3) Wǒmen yào shěng shuǐ. 我们要省水。
우리는 물을 아껴야 해요.

**[정답]** (1)  (2)  (3) 

**지도 tip**

듣기 문제를 풀기 전에 교사의 발음을 듣고 우리말로 뜻을 써 보거나 간단한 그림으로 표현해 본다. 이러한 사전 활동은 문제를 더 많이 풀어 볼 수 있는 방법 중 하나로 사용할 수 있다. 사전 문제의 종류는 학생 수준별로 차이가 있다. 고학년이나 이해 수준이 높은 학생들이라면, 교재의 문제와 다른 내용을 제시함으로써 다양한 내용을 노출시킬 수 있고, 저학년이나 이해 수준이 낮은 학생들이라면, 유사 내용을 제시하여 문제 자체에 대한 이해도를 높이는 것에 초점을 둔다.

### 3. 규칙에 맞게 단어 완성하기

① 제시된 규칙대로 알맞은 한어병음을 찾아 보게 한다.
② 정답을 확인하고, 문제 풀이를 한다.
③ 완성된 문장을 중국어로 읽어 보게 한다.

**[정답]** (1) bǎohù 보호하다 (2) huánjìng 환경

**지도 tip**

코드를 풀면서 단어를 완성하는 문제이다. 이런 형식의 문제를 교사가 개별적으로 만들어서 수업에 활용할 경우, 결합 운모를 분리해서 제시하지 않도록 주의한다.
학급에 고학년이 있다면, 고학년을 중심으로 모둠별로 문제를 만들고, 그 문제를 다른 모둠이 풀어 보는 모둠 활동을 별도로 진행할 수 있다.

교재의 연습 문제를 학습한 후, 워크북 문제를 함께 풀어 볼 수 있다. 워크북을 푸는 과정을 통해 학생들에게는 학습한 내용을 한 번 더 확인하는 기회를 제공하고, 교사는 학생들의 이해 정도를 파악하여 필요한 지도를 보충하거나 다음 수업의 난이도를 조정할 수 있다. 워크북의 모든 문제를 풀어 볼 수도 있지만, 필요에 따라 교사가 취사선택하여 풀어 볼 수 있다.

## 마무리하기

### 1. 학습 내용 정리

① 学一学에서 학습한 내용을 정확히 이해했는지 확인한다.
② 연습 문제에서 학생들이 자주 오류를 범하는 내용에 대해 다시 한 번 정리한다.

### 2. 과제 부여

이번 시간에 학습한 내용을 자연스럽게 표현할 수 있도록 연습해 오게 한다.

4차시
94~95쪽

**학습 목표**

- 재활용품의 중국어 표현에 대해 알아본다.
- 활동을 통해 학습 내용을 숙지하여 중국어 표현 능력을 향상시킬 수 있다.

**수업 준비물**

교재, 멀티 CD

## 들어가기

**1. 지난 시간 복습**

① 과제를 확인한다.

② **学一学**에서 다룬 표현을 함께 읽어 보거나 간단한 질문을 통해 복습한다.

**2. 새로 배울 내용 소개**

① 학습 목표를 소개한다.

② 주제와 관련된 내용을 소개한다.
우리가 생활 속에서 재활용하여 사용할 수 있는 것은 무엇인지 이야기해 보게 한다.

## 펼치기

### 高一高 실력을 쑥쑥 키워요

- 생활 속 재활용품

① 어떤 재활용품 관련 단어가 있는지 살펴보며, 정확한 발음으로 단어를 읽어 보게 한다.

**再生物品** zàishēng wùpǐn 재활용품
'再生'은 '(어떤 폐품을 가공하여) 재생시키다'라는 뜻이다. 이 외에도 '되살아나다, 재생하다'라는 뜻이 있다. '재활용'이라는 표현을 중국어로는 '再利用 zàiyìyòng, 重新利用 chóngxīn lìyòng, 利废 lìfèi'라고 한다. 이 중에서 특히 '利废 lìfèi'는 '폐품을 다시 이용하다'라는 의미가 강하다.

**垃圾分类** lājī fēnlèi 쓰레기 분리 수거
'垃圾分类 lājī fēnlèi'는 '쓰레기 분리 수거'라는 신조어이다.

**铁盒** tiěhé 깡통, 캔
주로 끝에 '儿'을 붙여 발음한다.

**电池** diànchí 전지, 배터리
요즘 자주 사용되는 'LED 전지'는 그대로 'LED电池'라고 표현한다.

**纸盒** zhǐhé 종이 상자
'纸盒'는 '纸箱 zhǐxiāng'이라고도 한다.

**玻璃瓶** bōlipíng 유리병

**罐头** guàntou 통조림
알루미늄박이나 합성수지 따위로 밀봉 포장된 레토르트 식품은 '软罐头 ruǎnguàntou'라고 한다.

**报纸** bàozhǐ 신문지
종이류는 '纸类 zhǐlèi'라고 한다.

**지도 tip**

교실에 분리 수거통이 비치되어 있다면 실제로 분리 수거통을 시각 자료로 활용한다. 학습을 마친 후, 학습한 중국어 표현을 팻말로 만들어 보게 하는 것도 의미 있는 활동이 될 수 있다.
재활용품 단어 여섯 개 중 한, 두 개만이라도 기억할 수 있도록 격려하고, 분리 수거를 직접 해 보면서 재활용품 표현을 연습할 수 있게 한다.
수업을 위한 교구를 만들거나 학생과 만들기, 꾸미기 활동을 할 때, 생활 속 재활용품을 준비물로 활용해 본다.

② 녹음을 듣고 정확한 발음으로 함께 따라 읽도록 지도한다.

③ 충분한 연습을 통해 표현에 익숙해지도록 한다.

## 玩一玩 신나게 놀아 봐요

• **내가 그린 환경 보호 포스터**

본문에서 학습한 내용을 상기시키며 학생 스스로 환경 보호 포스터를 만들어 보도록 한다.

① 환경 포스터에 들어갈 문장을 연습한다.

예 为了保护环境，我们要省水省电。
为了保护环境，我们不要乱扔垃圾。
为了保护环境，我们少用塑料袋。

② 학습한 표현 중 한 개 이상의 문장을 사용하여 포스터를 만든다.

③ 완성된 포스터를 짝과 함께 보며 어떤 문장을 사용했고, 어떤 그림을 완성했는지 서로 이야기해 보도록 한다.

**보충**

### 환경 보호 다짐

교사가 수업에 앞서 활동지 준비하여, 환경 보호를 위해 어떤 실천을 할 것인지 스스로 결정하고 다짐하는 시간을 가질 수 있다. 다짐은 우리말로 적어도 좋다.

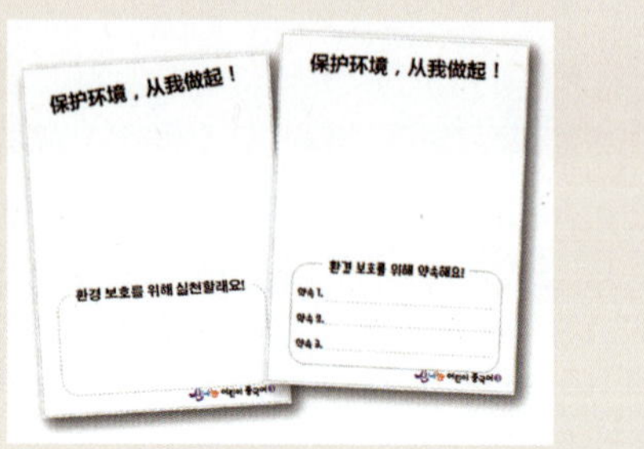


또한 환경 보호 표어로 자주 등장하는 어구를 활용해서 환경 보호를 주제로 한 책갈피를 만들 수 있다.

(활동지는 http://cafe.naver.com/funchinese/7447에서 제공)

### 지도 tip

학습을 한 뒤, 시간적 여유가 있다면 스케치북이나 도화지를 사용하여 포스터를 완성하게 하는 것도 의미 있는 활동이 될 수 있다. 직접 포스터를 만들기 위해 문장을 읽고 직접 쓰는 과정은 학습에 더 깊은 인상을 줄 수 있다. 또한, 중국어 학습의 차원이 아닌 전 인류가 지켜야 할 지구의 환경에 대한 책임 의식을 고취시키는 것 역시 매우 중요한 학습이 될 수 있다.
만약 혼자 포스터를 그리기 어려워하거나 구성원들 간의 협동 학습이 필요하다고 생각되면 모둠을 구성하여, 한 모둠당 하나의 완성품을 만들도록 한다. 혹은 전지 여러 장을 연결하여 학급 모두가 참여하여 각자 맡은 부분을 완성하여, 하나의 작품을 만들어 게시할 수도 있다.
이해를 돕기 위해 환경 관련 포스터를 샘플로 보여 줄 수도 있다. 그러나 샘플 자료를 참고하면 비슷한 작품이 완성되는 결과를 초래할 수 있으므로, 학생들이 창의력을 최대한 발휘할 수 있는 기회를 만들도록 노력한다. 학생들이 만든 포스터를 잘 보관해 두거나 사진으로 남겨서 다음 해의 예시 자료로 활용할 수도 있다.

## 마무리하기

**1. 학습 내용 정리**

① 학습한 표현을 우리말로 제시하고 이를 중국어로 말해 보게 한다.

② 다양한 재활용품 사진을 제시하고 알맞은 표현을 중국어로 대답하게 한다.

**2. 과제 부여**

집이나 학교에서 실제로 실천할 수 있는 환경 보호 활동을 중국어로 적고, 일주일 동안 구체적으로 어떤 일을 하였는지 기록해 오도록 한다.

신나는 어린이 중국어
오리는 선
신나는 어린이 중국어
오리는 선
신나는 어린이 중국어
오리는 선
신나는 어린이 중국어
오리는 선

신나는 어린이 중국어 신나는 어린이 중국어 신나는 어린이 중국어 신나는 어린이 중국어 신나는 어린이 중

신나는 어린이 중국어 신나는 어린이 중국어 신나는 어린이 중국어 신나는 어린이 중국어 신나는 어린이 중
신나는 어린이 중국어 신나는 어린이 중국어 신나는 어린이 중국어 신나는 어린이 중국어 신나는 어린이 중
신나는 어린이 중국어 신나는 어린이 중국어 신나는 어린이 중국어 신나는 어린이 중국어 신나는 어린이 중
신나는 어린이 중국어 신나는 어린이 중국어 신나는 어린이 중국어 신나는 어린이 중국어 신나는 어린이 중
신나는 어린이 중국어 신나는 어린이 중국어 신나는 어린이 중국어 신나는 어린이 중국어 신나는 어린이 중
신나는 어린이 중국어 신나는 어린이 중국어 신나는 어린이 중국어 신나는 어린이 중국어 신나는 어린이 중
신나는 어린이 중국어 신나는 어린이 중국어 신나는 어린이 중국어 신나는 어린이 중국어 신나는 어린이 중
신나는 어린이 중국어 신나는 어린이 중국어 신나는 어린이 중국어 신나는 어린이 중국어 신나는 어린이 중
신나는 어린이 중국어 신나는 어린이 중국어 신나는 어린이 중국어 신나는 어린이 중국어 신나는 어린이 중
신나는 어린이 중국어 신나는 어린이 중국어 신나는 어린이 중국어 신나는 어린이 중국어 신나는 어린이 중
신나는 어린이 중국어 신나는 어린이 중국어 신나는 어린이 중국어 신나는 어린이 중국어 신나는 어린이 중
신나는 어린이 중국어 신나는 어린이 중국어 신나는 어린이 중국어 신나는 어린이 중국어 신나는 어린이 중
신나는 어린이 중국어 신나는 어린이 중국어 신나는 어린이 중국어 신나는 어린이 중국어 신나는 어린이 중
신나는 어린이 중국어 신나는 어린이 중국어 신나는 어린이 중국어 신나는 어린이 중국어 신나는 어린이 중
신나는 어린이 중국어 신나는 어린이 중국어 신나는 어린이 중국어 신나는 어린이 중국어 신나는 어린이 중
신나는 어린이 중국어 신나는 어린이 중국어 신나는 어린이 중국어 신나는 어린이 중국어 신나는 어린이 중
신나는 어린이 중국어 신나는 어린이 중국어 신나는 어린이 중국어 신나는 어린이 중국어 신나는 어린이 중
신나는 어린이 중국어 신나는 어린이 중국어 신나는 어린이 중국어 신나는 어린이 중국어 신나는 어린이 중
신나는 어린이 중국어 신나는 어린이 중국어 신나는 어린이 중국어 신나는 어린이 중국어 신나는 어린이 중
신나는 어린이 중국어 신나는 어린이 중국어 신나는 어린이 중국어 신나는 어린이 중국어 신나는 어린이 중
신나는 어린이 중국어 신나는 어린이 중국어 신나는 어린이 중국어 신나는 어린이 중국어 신나는 어린이 중
신나는 어린이 중국어 신나는 어린이 중국어 신나는 어린이 중국어 신나는 어린이 중국어 신나는 어린이 중
신나는 어린이 중국어 신나는 어린이 중국어 신나는 어린이 중국어 신나는 어린이 중국어 신나는 어린이 중

오리는선

2과

电话

2과

号码

2과

零

2과

休息

오리는선

hàomǎ

diànhuà

xiūxi

líng

오리는선
2과
买
2과
东西
2과
首尔
2과
济州

오리는선

dōngxi

mǎi

Jìzhōu

Shǒu'ěr

오리는선
1과
快
1과
来
1과
饭
1과
书包

lái

kuài

shūbāo

fàn

오리는선

오리는선

1과

上

1과

睡觉

1과

洗手

1과

起床

오리는선

shuìjiào

shàng

qǐchuáng

xǐshǒu

오리는선
4과
酸
4과
甜
4과
苦
4과
辣

오리는선

tián

suān

là

kǔ

오리는 선

4과

泡菜

4과

好吃

4과

脏

4과

困

오리는선

hǎochī

pàocài

kùn

zāng

오리는선

3과

画笔

3과

穿

3과

运动服

3과

体育课

오리는선

chuān

huàbǐ

tǐyùkè

yùndòngfú

오리는선

3과

美术课

3과

问题

3과

饼干

3과

大象

오리는선

wèntí

měishùkè

dàxiàng

bǐnggān

오리는선

6과

感冒

6과

阿姨

6과

朋友

6과

上课

오리는선

āyí

gǎnmào

shàngkè

péngyou

오리는 선
6과
高
6과
健康
6과
简单
6과
寄信

오리는선

jiànkāng

gāo

jì xìn

jiǎndān

오리는선
5과
小心
5과
腿
5과
摔倒
5과
擦

오리는선

tuǐ

xiǎoxīn

cā

shuāidǎo

오리는선

5과

药

5과

疼

5과

尝

5과

慢

오리는선

téng

yào

màn

cháng

오리는선

8과

保护

8과

省水

8과

省电

8과

乱扔

오리는선

shěng shuǐ

bǎohù

luàn rēng

shěng diàn

오리는선

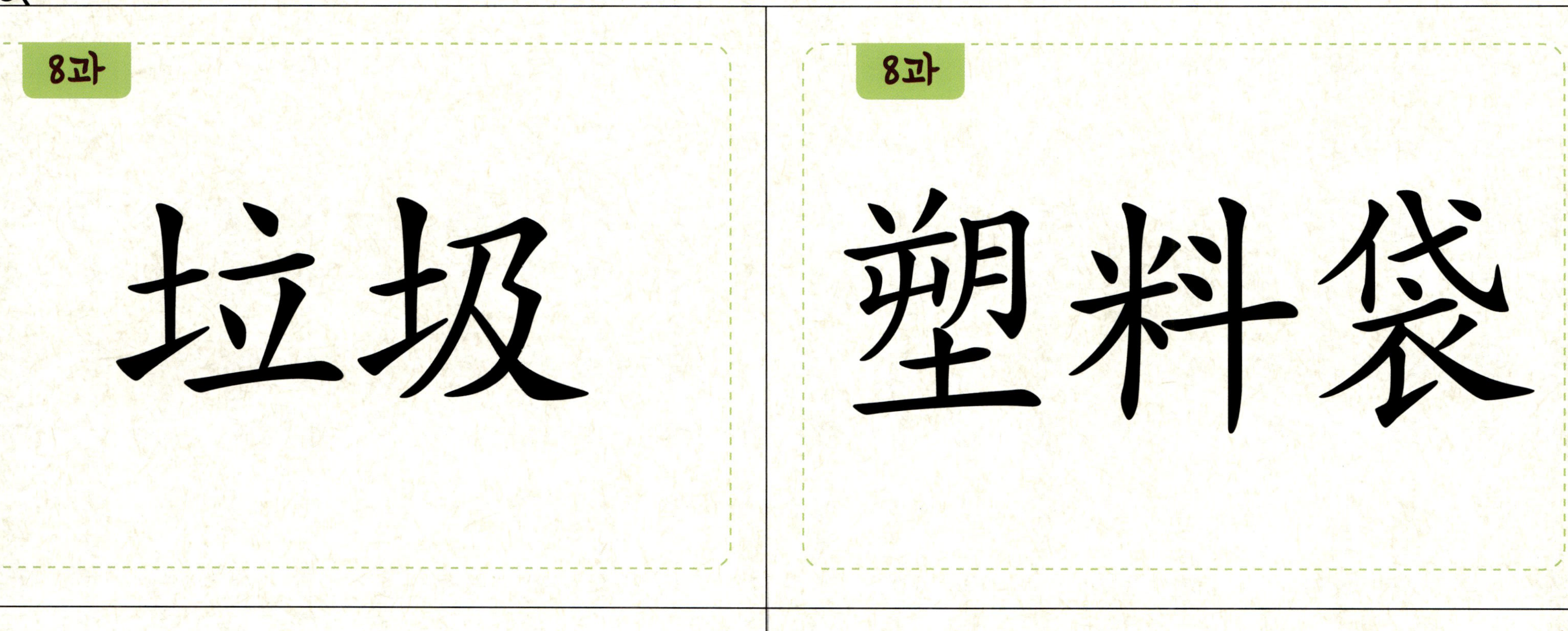

8과

垃圾

8과

塑料袋

8과

吵架

8과

迟到

오리는선

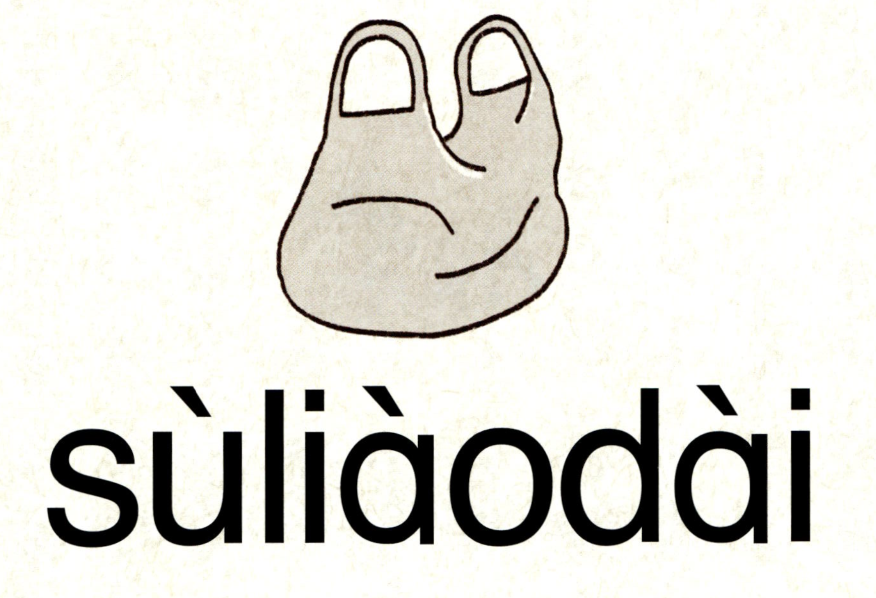

sùliàodài

lājī

chídào

chǎojià

오리는 선

7과

说

7과

晴天

7과

博物馆

7과

动物园

오리는선

qíngtiān

shuō

dòngwùyuán

bówùguǎn

오리는선

7과

踢足球

7과

聊天儿

7과

忙

7과

累

오리는선

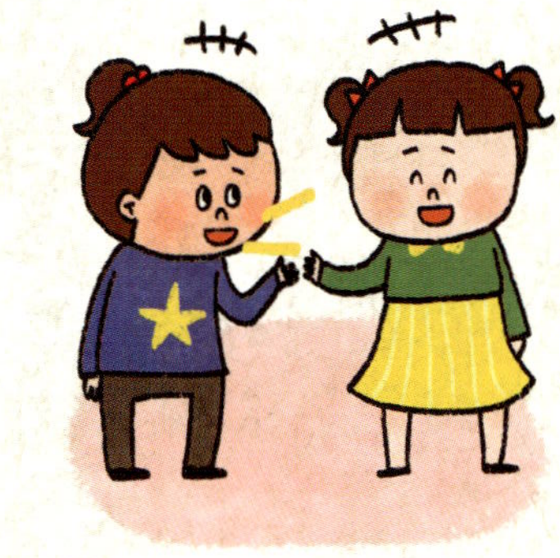

liáotiānr

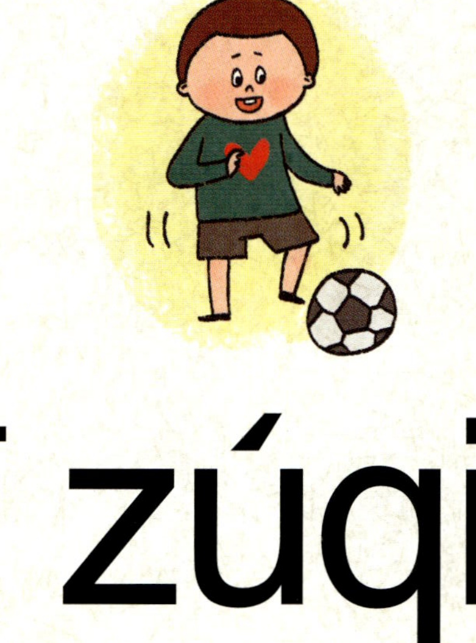

tī zúqiú

lèi

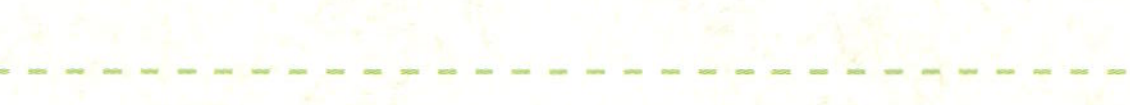

máng

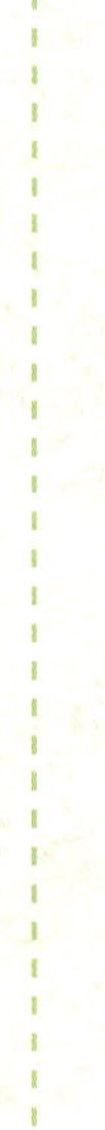